붓다의
명상법

붓다의 명상법

초판인쇄 2020년 4월 23일 **초판발행** 2020년 4월 30일
편역자 이자연 **펴낸이** 박성모 **펴낸곳** 소명출판 **출판등록** 제13-522호
주소 서울시 서초구 서초중앙로6길 15, 1층
전화 02-585-7840 **팩스** 02-585-7848
전자우편 somyungbooks@daum.net **홈페이지** www.somyong.co.kr

값 11,000원 ⓒ 이자연, 2020
ISBN 979-11-5905-504-1 93220

붓다의 명상법

MINDFULNESS MEDITATION
THEORY & PRACTICE
OF THE BUDDHA

이자연 지음

소명출판

세상을 떠나신 부모님께
사랑과 존경의 마음으로
이 책을 바칩니다.

이 책은 '붓다의 명상법(이론과 실제)' 강의에 활용할 만한 적합한 책이 없다고 판단한 데서 시작하여 점차 이론서의 형태를 갖추고, 여기에 명상 수행의 실천적 방법론을 추가하여 완성도를 높인 것이다.

명상에 대한 붓다의 가르침을 담은 경전 텍스트나 동남아시아의 저명한 수행선사들의 수행지침을 담은 책들은 수강생들이 활용하기에는 '양극단'의 성격을 띤다고 생각한다. 붓다의 명상법에 대한 경전 텍스트는 이 책에서 다뤄진 「대념처경」과 「안반수의경」을 말하고 동남아시아의 저명한 수행선사들은 미얀마, 태국 등이 배출한 마하시 사야도, 아신 꼬살라 사야도, 파옥 사야도, 아짠 차 스님 등을 말한다.

스트레스 관리 방법의 일환으로 명상에 관심을 갖는 학생들과 초심자들을 대상으로 한 집필 초기에는 붓다의 명상법의 요체를 이해하기 쉽게 설명하고자 하였으나 집필을 이어감에 따라 학계에서 논의되는 쟁점들을 염두에 두고 그에 대한 저자의 견해를 정리하게 되었다. 대표적으로 요가적 명상의 사마타 수행과 붓다의 마음챙김 명상에서의 사마타 수행의 차이점을 강론하는 등 점점 더 학술적인 심도를 더해 갔다. 그러나 애초에 의도한 대로 수행자들이나 명상수행 자체에 더 관심이 있는 독자들의 입장을 고려하여 학술적 논의에는 선택적으로 접근할 수 있도록 명상수행과 직접적으로 연관이 없는 내용은 미주로 처리하였다.

이 책은 추상적 이론을 많이 다루고 있지만 가능하면 독자들이 쉽게 이해할 수 있도록 평이한 용어를 사용하고자 애썼다.

저자는 명상을 활용한 잠재력 계발로 다양한 분야에서 기여할 리더 양성에 뜻을 두고 활동 중이다. 기업체, 정치단체, 지방자치단체와의 협력관계 속에서 리더로서의 최고경영자와 중간관리자 양성 교육, 정치적 리더 양성 교육, 중·고등학생 대상 리더십 교육, 중소기업 대상 리더 양성 교육 보급 등이 가능할 것이다. 명상을 통해 리더십을 계발하고자 하는 교육 대상자들(최고경영자, 중간관리자, 정치인, 사회개혁가 등)을 대상으로 하거나, 분노, 무기력, 망념, 불안과 같은 번뇌를 안고 사는 일반인들, 공황장애, 우울증과 같이 의외로 만연한 심인성 증상의 약물치료 후의 안정적인 상태 유지가 필요한 사람들을 대상으로 보다 폭넓게 붓다의 정통한 명상법의 핵심을 전달할 수 있도록 연구에 매진하고 있다.

저자는 명상적 지혜를 추구하면서 언제부터인가 개념에 의존하는 이론 연구를 지양하게 되었다. 지식기반 사회 일변도에서 동양적 지혜기반 사회로의 변화도 함께 추구하는 것이 한국적 선진화 모델을 창출하는 길이라는 믿음 때문이다. 20세기 후반부터 서구에서는 이성중심에서 탈피해 감성과 상상력을 자극하는 마법의 세계가 관심의 대상이 되었는데, 명상으로 새로운 차원이 열리는 동양의 신비스런 체험이 그와 같은 것이다. 인도 이갓뿌리에 있는 명상센터에서 처음 위빠사나 명상코스에 참여할 때 한순간 일상적 시공간이 잦아들고 깊은 숲속의 공간성과 함께 새소리가 크고 또렷하게 들렸던 체험을 잊지 못한다. 그 체험에 착안하여 '왜 새소리는 들리는 걸까?'라는 제목으로 글을 쓰고 있으며, 저출산 문제, 은퇴세대들이 직면하는 문제들의 해결에 도움이 되는 생활지혜를 담은 산문집이나 수행일지 성격의 수행 체험 기록도 쓰고자 한다.

'붓다의 명상법(이론과 실제)' 강의를 개설하고 지금에 이르기까지 도움을 주신 한국외국어대학교 철학과 교수님들과 미네르바교양대학 교양과정위원회 담당자분들께 감사드린다. 이론수업 위주의 대학교육 풍토에서 이론과 결합된 형태이기는 하지만 철학 분야에서 명상실습 수업이 정규과목으로 개설되는 것은 흔한 경우는 아니다. 미국에서 '위빠사나 운동' 현상으로 나타난 붓다의 명상법의 전파, 마음챙김 명상이 심리치료에 응용

되고 있는 사실이나, 명상 수련을 통해 영적 리더십을 발휘하는 글로벌 기업 리더들의 사례 등을 설명하고 방학 동안의 명상캠프 실시를 제안했을 때 적극적으로 호응하고 지원해주신 김원명 교수님의 도움은 명상실습 강의를 시도할 용기를 주었다. 그 외 도움을 주신 권영우 교수님, 윤성우 교수님, 그리고 박희영 교수님께 감사드린다. 실습수업의 성격상 수강인원을 적은 수로 제한해야 하는데, 정부시책에 따른 대학의 방침에 역행하는 데도 불구하고 저자가 제안한 인원보다 더 적은 인원으로 제한하여 실습수업에 적합한 환경을 마련해주신 교양과정위원회 담당자분들께도 감사드린다.

　방대한 양의 각주를 포함한 원고로 소명출판의 문을 두드렸을 때 선뜻 출판 의사를 밝혀주신 박성모 대표님과 초교부터 출판하기까지 시간과 노력을 경주해주신 이정빈 님께 감사드리며, 가는 길 따뜻하게 배웅까지 해주신 공홍 님께 감사드린다.

2020년 4월

이 자 연

차례

붓 다 의 명 상 법

시작하며

약어

AN	『앙굿따라 니까야(Aṅguttara Nikāya)』
DN	『디가 니까야(Dīgha Nikāya)』
MN	『맛지마 니까야(Majjhima Nikāya)』
SN	『상윳따 니까야(Saṁyutta Nikāya)』

이 책은 붓다가 깨달음을 얻기까지 수행한 명상법의 원형을 탐구하여 체계적으로 설명하기 위한 것이다. 방법적으로 불교 경전 텍스트에 대한 학문적 연구와 명상 실제 수행을 통합하여 붓다의 명상법을 체계화하고자 했다. 비록 불교가 현실적으로는 타력신앙의 성격을 지니지만 붓다가 무신론자로서[1] 진리를 스스로 지혜로 깨달아 열반을 성취하고자 했던 만큼 그가 고안한 명상법의 원형을 탐구하면서 종교적 요소를 배제하고 학문적으로 접근하는 것은 타당할 것이다. 붓다의 그러한 무신론적 성향과 지혜를 열반의 직접적인 요인으로 간주하는 점은 붓다가 설한 교의와 명상법이 종파와 무관한 성격의 것이라는 점을 말해 준다. 본 연구 방법에서 명상 실제 수행의 측면은 붓다의 명상 전통을 이어받은 동남아시아의 남방 불교 국가들의 위대한 수행선사들의 수행지침과 수행 체험 그리고 저자의 수행법에 대한 견해와 수행 체험을 종합한 것이다.

붓다의 명상법은 위빠사나 명상이라고도 잘 알려져 있는데 저자는 마음챙김 명상이라는 명칭을 쓴다. 그 이유는 붓다의 명상법에는 위빠사나의 측면뿐만 아니라 사마타의 측면도 포함되어 있기 때문이다. 또한 붓다의 명상법에 대한 붓다의 직설을 담은 대표적인 경經인 「마하사띠빠타나 수따」(「대념처경」, DN 22)를 한역하면 '마음챙김의 확립경'이라고 할 수 있는데 여기에 마음챙김으로 번역되는 '사띠sati'라는 용어가 사용되었기 때문이다.

「대념처경」외에 근본 불교 경전 중 마음챙김 명상법에 대한 붓다의 가르침을 담은 또 다른 중요한 경인 「아나빠나사띠 수따」(「안반수의경」, MN 118)는 호흡에 대한 마음챙김경이라고 한역할 수 있는데 여기에도 '사띠'라는 용어가 사용된 것을 볼 수 있다. 따라서 붓다의 명상법에 대한 붓다의 가르침을 담은 두 경의 빨리어 명칭을 볼 때 붓다의 명상법을 '마음챙김 명상'이라고 칭하는 것이 바람직하다. 그러나 붓다의 명상법의 실제 수행법은 개인의 성향에 따라 다르게 형성되어 전파되고 있다. 대체로 위빠사나 수행에 치중한 형태로 전해지는 만큼 위빠사나 명상이라는 명칭이 그릇된 것은 아니다. 사마타 수행과 위빠사나 수행의 측면을 모두 포함하는 붓다의 명상법을 마음챙김 명상이라고 명명하는 것이 바람직하다는 것은 원론적인 제안이다.

위빠사나라는 용어가 널리 쓰이게 된 것은 붓다의 명상법을 계승하는, 동남아시아의 남방불교 국가들 중 위대한 수행선사들을 배출한 미얀마 정부가 정치적 이유로 사마타 수행을 억압하고 위빠사나 수행을 장려한 것이 큰 영향을 미친 것으로 보인다. 미얀마에서 위빠사나가 장려된 것은 1980년대 민돈왕이 왕실에 공식적으로 위빠사나 수행을 도입하고 위빠사나 수행 운동을 주도한 때부터라고 한다.[2] 일반인들에게 위빠사나 수행이 전파된 것은 1911년 민군 사야도가 위빠사나 수행센터를 설립하면서부터라고 하는데 식민지 미얀마에서 불교의 위빠사나 수행을 통해 민족적인 자긍심을 회복하려는 의도가 명상 수행이 대중화되는 계기를 만들었다는 것이다. 미얀마 군사정권이 들어서면서 위빠사나는 국가적인 후원을 받게 되었고 사마타 수행은 철저하게 억압되었다. 그 이유는 사마타 수행은 기본적으로 마음을 정화시키고 마음이 고요한 선정에 이르게 하는데, 군부세력은 그러한 성격의 사마타 수행은 국가를 정화하려는 차원으로 확대될 수 있고 미얀마 군부를 축출하려는 움직임으로 발전할 수 있다고 여겨 철저하게 경계하고 있었기 때문이라고 한다. 군부세력은 미얀마 국민들에게 위빠사나 수행을 권유하여 붓다가 위빠사나 수행에 의해 깨달은 바를 나와 주변과 세계가 무상하며 공하고 자아가 아니라고 끊임없이 알아차릴 것을 강조하였다고 한다.[3] 그리하여 미얀마 국민들이 세속적·정치적 문제에 무관심해지도록 유도하고자 한 것으로 보인다. 미얀마 군부는 마하시 사야도를 중심으로 몇몇 승려들을 성인화하였고, 당시 재무장관이었던 우바킨을 비롯한 몇몇 정부의 관료들이 위빠사나 수행의 대가들이었는데 이들은 모두 국제적으로 위빠사나 수행을 전파하는 데 크게 기여하였다.

20세기 중반부터 많은 서구인들이 미얀마를 중심으로 동남아시아의 수행선사들로부터 붓다의 명상법을 전수받아 서구에 전파하기 시작했다. 이것은 붓다의 명상법이 위빠사나 명상으로 세계적으로 알려지는 데 큰 영향을 미친 것으로 보인다. 미얀마

정부가 사마타를 억압하고 위빠사나를 장려한 배경에는 붓다의 명상법에 포함된 사마타 수행에 대한 잘못된 인식이 작용한 것으로 보인다. 동남아시아의 남방불교 국가들에서 사마타 수행에 대한 그릇된 인식이 퍼지게 된 배경은 다음과 같이 분석된다. 남방불교 국가들은 붓다의 제자들에 의해 붓다의 입멸 후 100년경 성립된 상좌부 불교[4] 전통을 계승하였는데, 상좌부 불교는 붓다의 직설을 담은 것으로 간주되는 경장에 대한 주석서인『청정도론』[5]과 아비담마[6]를 절대적 준거로 삼는다.『청정도론』과 아비담마는 붓다의 입멸 후 많은 시간이 흐른 뒤에 형성되면서 역사적·문화적 배경 아래 붓다의 가르침에서 벗어나는 요가적 사마타 수행이 유입되게 된 것으로 보인다.

사마타 수행에는 두 가지가 있다. 하나는 붓다 이전에 존재했던 요가적 사마타 수행이며 또 다른 하나는 붓다의 명상법에 포함된 사마타 수행이다. 요가 철학사상 전통에 포함된 명상은 그 자체가 사마타 수행이며 위빠사나 수행은 포함되어 있지 않다. 위빠사나 수행은 붓다의 명상법에만 포함되어 있다. 그런데 붓다의 명상법에 포함된 사마타 수행과 요가적 사마타 수행은 서로 다르다. 요가적 사마타 수행은 수행자의 자기의식마저 사라지고 명상의 대상에 완전히 몰입된 상태인 삼매에 이르기 위해 호흡이나 신에 집중하는 것을 닦는데 여기서 직접적인 대상은 호흡이나 신이라는 개념, 곧 표상이다.[7] 붓다의 명상법은 시간성을 벗어난 표상에 집중하는 것을 수행하는 것이 아니라 우리의 경험을 있는 그대로 마음챙겨mindfulness 알아차리는awareness 것을 수행한다. 직접적으로 꿰뚫어 보는 통찰력을 계발하여 조건적으로 형성된 것들의 특상인 무상, 고, 무아를 통찰지로써 터득하여 열반에 이르기 위한 것이다. 요가적 명상이 사마타 즉, 마음의 고요함을 계발하기 위한 것이라면 붓다의 명상법은 통찰지를 얻기 위한 것이다. 붓다는 번뇌의 근본 원인은 무명이며 무명을 소멸시키는 요인은 지혜이기 때문에 통찰지로써 무명을 타파하여 번뇌없는 최상의 안온인 열반에 들고자 했던 것이다. 붓다의 명상법의 사마타 수행은 하나의 대상이나 대상 영역에 마음을 고정시켜 마음챙김과 알아차림을 수행하는 것이다. 상좌부 불교를 계승하는 동남아시아의 남방불교 국가들에서 사마타 수행에 대한 그릇된 인식이 퍼진 것은 상좌부 불교의 절대적 준거인『청정도론』과 아비담마에 요가적 명상이 유입된 점을 간과한 채 요가적 사마타 수행을 붓다의 명상법의 일부로 간주하는 데서 비롯된 것으로 보인다.

붓다의 마음챙김 명상 수행체계는 사념처 수행을 말한다. 사념처 수행에 대한 붓다의 가르침을 담은 대표적인 경은「대념처경」이다. 사념처 수행은 몸, 느낌, 마음, 법(정신적 대상)이라는 네 가지 대상 영역에서 마음챙김을 확립하는 명상법이다.「대념처경」에는 호흡에 대한 마음챙김이 몸에 대한 마음챙김을 말하는 신념처분에 나타난다. 그런데 붓다의 명상법을 담은 또 다른 중요한 경인 「안반수의경」에는 사념처 수행과 호흡에 대한 마음챙김 명상이 결합된 형태로 나타난다. 「대념처경」이 마음챙김 명상법 전체를 보다 구조적으로 체계적으로 소개하고 있다면 「안반수의경」에는 호흡에 대한 마음챙김 수행과 사념처 수행이 결합된 형태로 나타나는 것을 볼 수 있는데 이것은 성숙한 수행자들을 위한 명상의 실제 수행법을 전하는 것으로 보인다. 명상의 실제 수행의 관점에서 볼 때 「안반수의경」에 나타나는 내용이 더 타당하다고 생각한다.

따라서 붓다의 마음챙김 명상법을 체계화할 때 일차적인 이론적 근거는 붓다의 직설로 평가되는 「대념처경」과 「안반수의경」이며, 그 내용을 이해하는 데 도움이 되는 다른 자료들 즉, 경장에 속하는 경(經)들, 아비담마를 이해하는 데 길잡이 역할을 하는, 아누룻다 스님에 의해 쓰인 『아비담마 길라잡이』, 그리고 붓다고사 스님의 『청정도론』을 위주로 참고하였다. 경장에 대한 논서인 아비담마는 아누룻다 스님의 『아비담마타 상가하 Abhidhammattha Saṅgaha』 한역본인 『아비담마 길라잡이』를 참고하는 데 그쳤다.[8] 아누룻다 스님의 『아비담마타 상가하』는 아미담마의 주석서로서 아비담마의 모든 주제를 빠짐없이 거론하고 있다고 한다. 경장에 속하는 내용들 중 후대에 가미된 것이 아니라 의심의 여지없이 붓다의 직설로 간주되는 것들은 마음챙김 명상법에 대한 붓다의 가르침을 담은 경들에 나타난다. 따라서 「대념처경」과 「안반수의경」은 붓다의 명상법뿐만이 아니라 붓다의 직설을 접할 수 있는 일차적인 자료라고 할 수 있다.

　아비담마와 『청정도론』은 경장의 내용을 체계적으로 이해하는데 도움이 된다. 이 두 전거는 상좌부 불교 전통을 따르는, 동남아시아 남방불교 국가들에서 절대적인 준거로 받아들여지고 있는데, 국내에서도 붓다의 명상법과 관련하여 절대적으로 중요한 근거 자료로 간주된다. 그러나 두 전거에는 붓다의 가르침에 어긋나는 요가적 사마타 수행법이 유입되어 있을 뿐만 아니라 두 전거가 형성되는 과정을 고려할 때 붓다의 명상법과 관련하여 절대적 준거로 받아들이는 것은 바람직하지 않다.[9] 아비담마와 『청정도론』의 저작 배경[10]을 볼 때 붓다의 직설에서 벗어나는 요가적 명상의 사마타 수행이 이들 상좌부 불교의 대표적인 준거들에 유입되었을 가능성을 배제할 수 없다.[11]

　저자는 붓다의 직설을 담은 경장의 내용과 붓다의 직계 제자들에 의해 전해지기 시작한 상좌부 불교의 절대적 준거인 아비담마와 『청정도론』의 내용 사이의 차이[12]를 주목하는데, 그러한 입장을 뒷받침하듯 이중표는 아비담마는 붓다의 직설이 아니며 아비담마 논서들에 의지하는 남방불교의 수행법은 붓다의 직설을 담은 니까야에 의거한 수행법이 아니라 붓다고사의 『청정도론』에 의거한 수행법이라고 비판한다.[13] 이러한 연구 결과이 책에서는 붓다의 명상법의 원형을 체계화하면서 붓다의 직설을 담은 경장을 가장 신뢰할 만한 근거자료로 삼으면서 아비담마와 『청정도론』에 담긴 내용을 경장의 의미를 이해하는 데 참고 자료로 활용하면서도 붓다의 직설에 어긋나는 내용을 관련 논의에서 배제한다.[14]

저자는 상좌부 불교를 반영하는 아비담마와 『청정도론』의 내용 중 까시나 명상과 같은, 표상에 집중하는 사마타 수행법을 붓다의 가르침에서 벗어나는 것으로 간주하는데, 이러한 입장과 유사하게 위말라람시 스님은 빨리어 경전의 내용과 남방불교가 의거하는 주석서의 내용 사이의 괴리를 지적한다. 그는 남방불교 국가인 미얀마의 마음챙김 수행은 빨리어로 된 경전에 의거하기보다는 그 주석서들에 기초하고 있으며 주석서에 담겨있는 개념들의 일부는 원래의 경전에 포함되어 있는 것과 다소 다르며 주석서에 의거해 닦은 명상법은 경전에 쓰여진 명상법과 많이 다르다고 지적한다.[15] 그는 경전에 쓰여진 명상법에 따라 수행한 후 명상이 더 깊어지고 빨리 진척되었다고 토로한다. 빨리어로 된 경장의 내용 중 학자들에 의해 의심의 여지 없는, 붓다의 직설로 간주되는 교의들은 그가 고안한 명상법인 마음챙김 명상법에 대한 가르침에 등장한다.[16] 결론적으로, 저자는 붓다의 직설에 비춰 붓다의 명상법을 재정립할 필요가 있다고 본다.

이 책에서 실제 수행에 관한 자료로는 미얀마의 마하시 선원,

쉐우민 선원, 파옥 선원의 위대한 수행승들이나 태국의 아짠 차 스님 등 마음챙김 명상 수행선사들의 가르침을 담은 서적들과 보디 스님, 타니싸로 스님, 위말라람시 스님, 아잔 브람 스님과 같이 학문적 훈련을 거친 수행승들의 수행관련 문헌들과 수행 지침들 그리고 미주의 심리학계에 수용된 마음챙김 명상 관련 전문서적들을 참고하였다. 이 책은 니까야라고 불리는, 가장 이른 시기에 형성된 불교 경전을 중심으로 한 이론 연구와 실제 수행을 통합하여 붓다가 창안한 마음챙김 명상의 원형을 탐구한 노력의 결과이다.

이 책의 구성에 대해 설명할 필요가 있다. 붓다의 명상법에 대한 저자의 견해는 관련 이론들에 대한 연구와 1980년대 후반부터 저자가 실제 수행을 해오면서 체험한 내용들을 통합하여 정립한 것들이다. 이론 부분과 관련하여 밝혀둘 점은, 붓다의 명상법에 대해 순수한 관심을 가진 독자들이 복잡한 이론 논쟁에 휘말리지 않고 저자가 제시하는 수행 체계를 접할 수 있도록 복잡한 논쟁은 가능한 한 미주로 처리하였으며, 본문에서는 저자가 체계화한 마음챙김 명상법에 대한 이론을 가능한 한 간단하고 명료하게 소개하려 하였다. 그럼에도 불구하고 마음챙김 명상법과 관련한 문제들에 대한 분분한 해석과 복잡한 논의들은 실제 수행에 있어서는 장애물로 작용하지만 정통한 실제 수행법을 정립하기 위해서는 끊임없는 검증이 요구되므로 불가피한 것이 사실이다. 그러나 수행에 성숙해지면 명상법에 대한 불필요한 논쟁을 삼가고 그릇된 방법을 식별하는 눈이 길러지지만 그 전에 논쟁에 휩쓸리는 것은 바람직하지 않으므로 조심할 필요가 있다. 그러므로 마음챙김 명상법에 대한 저자의 정립된 이론에 관심이 있는 독자들은 본문을 읽으면 될 것이다. 그럼에도 불구하고 본문에서의 학술적 논의가 어렵게 느껴지는 독자들을 위해 각 절 말미에 중요한 요점들을 간략히 정리하였다. 붓다의 명상법에 대한 핵심 요약은 「끝내며」에서 찾아볼 수 있다.

붓다의 명상법에 대한 쟁점들 중 이 책에서 중점적으로 다룬 것은 사마타와 위빠사나 수행에 관한 것이다. 사마타 논쟁은 팔정도의 여덟 가지 요소들 중 바른 마음챙김 명상正念과 바른 삼매正定의 관계 문제와도 연관이 있다. 인도의 요가 전통에서 삼매는 8단계 요가 수련단계 중 가장 높은 마지막 단계에 해당한다. 한편, 붓다가 깨달음에 이르는 길로 제시한 팔정도는 『청정도론』에 계, 정, 혜 즉, 삼학三學을 닦는 것으로 체계화되어 있다. 이 중 두 번째 항목인 집중을 닦는 부분에 마음챙김 명상正念이 포함되어 있다.[17] 이것은 바른 삼매正定에 도달하는 방법은 바른 마음챙김 명상이라는 것을 의미한다. 보통 붓다의 마음챙김 명상을 위빠사나 명상이라고 인식하는 사람들이 많다. 위빠사나 명상은 통찰지혜를 계발하기 위한 명상이기 때문에 위빠사나 명상에 의해 삼매를 기른다는 것은 모순이라고 생각하기 쉽다. 이 책에서 마음챙김 명상에는 사마타 수행의 측면과 위빠사나 수행의 측면이 있으며 사마타 수행과 위빠사나 수행 모두 마음챙김과 알아차림에 의해 계발된다는 점이 부각된다. 분석적 연구 방법에 의해 마음챙김은 사마타 수행으로, 알아차림은 위빠사나 수행으로 분석하는 것은 바람직하지 않지만 마음챙김은 사마타 수행과, 알아차림은 위빠사나 수행과 보다 밀접한 연관이 있다. 이러한 논의는 2장 3절 「사마타와 위빠사나」에서 살펴볼 수 있다.

한편 상좌부 불교의 준거인 아비담마와 『청정도론』에는 요가적 사마타 명상의 영향을 받은 것으로 보이는 사마타 수행법이 나타나는데, 이 책에서 요가적 사마타 수행법과 마음챙김 명상의 사마타 수행법의 차이점을 설명한다. 전자는 하나의 대상에의 몰입을 위해 집중하는 것을 닦는 반면 후자는 하나의 대상에 대해 객관화시켜 마음챙겨 알아차림을 닦는다. 달리 말해 요가적 사마타 수행은 하나의 대상에 '붙여서' 집중을 닦는다면 마음챙김 명상의 사마타 수행은 하나의 대상(대상 영역) ― 예를 들어, 호흡, 몸, 느낌, 마음, 법 ― 을 정하고 '떼어 놓고' 혹은 '분리해서' 마음챙겨 알아차림을 닦는다.[18] 마음챙김의 사마타 수행과 위빠사나 수행의 차이는 전자는 하나의 대상 영역을 정해 놓고 마음챙김과 알아차림을 닦는다면 후자는 대상 영역을 정하지 않고 이치대로 일어나는 것(법)들을 있는 그대로 꿰뚫어 보고 아는 것을 닦는 것이다. 사마타 수행은 대상에 안으로 집중하는 것을 닦는 반면 위빠사나 수행은 대상이 일어나는 대로 밖으로 관찰하는 것을 닦는다. 이러한 주장의 이론적 근거는 2장 3절과 3장에서 살펴볼 수 있다.

사마타 수행을 둘러싼 논쟁의 원인은 『청정도론』이나 『아비담마 길라잡이』에 나타나는, 표상에 집중하는 사마타 수행[19]을 붓다의 명상법에 포함시키는 데 있다고 파악된다. 따라서 『청정도론』이나 『아비담마 길라잡이』에 나타나는, 표상에 집중하는 사마타 수행과 붓다의 마음챙김 명상에 포함된 사마타 수행의 차이점을 주목하고자 한다. 후자는 대상을 경험되는 느낌 touch sensation[20] 그대로 마음챙겨 알아차리는 것을 닦는다. 『아비담마 길라잡이』와 『청정도론』에 나타나는 사마타 수행법 중 까시나 명상[21]과 같이 표상에 집중하는 사마타 수행은 붓다의 정통한 명상법에 포함되지 않는다고 간주한다. 『청정도론』이나 『아비담마 길라잡이』에 나타나는 사마타 수행론 중 표상에 집중하는 사마타 명상을 붓다의 근본 가르침에 어긋난다고 보는 주된 근거는 다음과 같은 붓다의 직설을 담은 경의 내용들이다. 맛지마 니까야의 「바야베라와경」(MN 4)은 4선정은 (표상에 집중하는 방법이 아니라) 마음챙김 명상에 의해 도달할 수 있다고 명확히 밝히고 있다.[22] 앙구따라 니까야 「상와라경」(AN 4:14)에는 감각을 제어하기 위해 마음챙김 명상을 수행할 때 표상을 취하지 말고 감각 기관과 감각의 대상의 접촉을 마음챙겨 알아차리라라는 내용이 나온다.[23] 또한 「대념처경」과 「안반수의경」에 나타나는, 호흡에 대한 마음챙김 명상에 대한 내용을 보면 호흡을 경험되는 그대로 — 길면 길다고 짧으면 짧다고 — 마음챙겨 알아차리라는 가르침이 나온다.[24] 마음챙김 명상은 보디 스님에 따르면 경험의 장 혹은 인식의 장을 명료하게 하여 순수한 즉각적 경험을 드러나게 한다.[25]

『아비담마 길라잡이』와 『청정도론』에 나오는 사마타 수행체계에 대한 설명 자체는 나름 가치가 있다. 그러나 붓다의 명상법을 탐구할 때 마음챙김과 알아차림이 4선정에 이르는 수행법이라는 「바야베라와경」의 내용, 그리고 호흡을 경험되는 그대로 마음챙겨 알아차리라는 「대념처경」과 「안반수의경」의 내용에 비춰볼 때 표상 혹은 개념에 집중하는 요가적 사마타 수행법은 바른 삼매에 이르는 길이라고 볼 수 없다. 그러나 국내의 학자들은 물론 서구 수행승들 중에도 보디 스님같은 경우 『청정도론』을 붓다의 명상법의 중요한 준거로 받아들이며 그 내용을 그대로 차용한다. 그는 팔정도를 다루는 맥락에서 『청정도론』에 의거해 바른 삼매에 이르는 명상법에 까시나 명상과 같이 표상에 집중하는 명상을 포함시킨다.[26]

사마타 논쟁은 많은 학자들이 아비담마와 『청정도론』을 마음챙김 명상의 주된 준거로 삼으며, 이에 입각해서 붓다의 마음챙

김 명상에 포함된 사마타 수행을 설명하는 데서 출발한다. 마음
챙김 명상과 관련하여 사마타 수행에 대한 서로 다른 견해들이
나타나는 이유는 경장에 속하는 「대념처경」과 「안반수의경」에
나타나는 사마타 수행법이 경장의 논서인 아비담마와 『청정도
론』에 나타나는 사마타 수행법과는 일부 다름에도 불구하고 연
구자들이 아비담마와 『청정도론』의 내용을 무비판적으로 수용
하기 때문이라고 생각한다. 그러한 무비판적 수용은 불교의 변
천 과정에 대한 역사적·문화적 배경에 대한 연구가 미약하기
때문이다. 『아비담마 길라잡이』와 『청정도론』에 포함된 사마타
수행법 중 일부는 불교의 성립 이전에 존재했던 요가적 사마타
수행법이 변용·발전된 형태로 불교 분파에 녹아들었다가 위의
두 전거에 유입되게 된 것으로 보인다.[27] 여기서 『청정도론』과
『아비담마 길라잡이』가 성립된 역사적 문화적 배경을 고찰할 필
요가 있지만 미진한 수준의 고찰은 주석으로 처리하기로 한다.[28]
보다 깊고 폭넓은 연구가 요구된다.

　이러한 연구 결과 팔정도를 다루는 맥락에서 바른 삼매에 이
르는 바른 방법은 바른 마음챙김 명상이며,[29] 바른 삼매에 이르
는 바른 마음챙김 명상의 맥락에서 『청정도론』이나 『아비담마
길라잡이』에 포함된 바와 같이 표상에 집중하는 사마타 수행을
배제한다.

　독자의 이해를 돕기 위해 붓다의 명상법을 간단히 설명하고

자 한다. 마음챙김 명상의 전 프로그램은 사념처 수행을 근간으로 한다. 사념처 수행은 신념처, 수념처, 심념처, 법념처의 네 대상 영역에서 마음챙김을 확립하기 위하여 닦는 것이다. 마음챙김 명상에서 사마타의 수행은 삼매 혹은 집중을 닦기 위하여 호흡, 몸, 느낌, 마음, 법이라는 대상 영역을 정하고 그 영역에서 일어나는 것들을 대상으로 마음챙김과 알아차림을 수행하는 것이다. 요가적 사마타 명상은 자기의식조차 없는 완전한 몰입의 상태를 목표로 한다면 마음챙김 명상에서 사마타 수행은 호흡이나 사념처를 대상으로 객관화시켜 마음챙김과 알아차림을 수행하여 마음이 과거와 미래로 달아나지 않도록 집중력을 기르기 위한 것이다. 마음챙김 명상의 사마타 수행과 위빠사나 수행은 마음챙김과 알아차림을 닦는 것은 공통적이지만 하나의 대상이나 대상 영역에 대해 마음챙김과 알아차림을 닦아 안으로 삼매를 계발하는 것은 사마타 수행이며, 법들이 이치대로 일어나고 사라지는 대로 밖에서 바라보며 그 일반적 특상인 무상, 고, 무아를 꿰뚫어 보고 지혜로써 터득하는 것은 위빠사나 수행이다.[30] 마음챙김 명상은 사마타 수행이든 위빠사나 수행이든 공통적으로 대상과 마음의 관계를 유지한다는 점에서 대상에의 몰입을 추구하는 요가적 사마타 수행과는 다르다.

사마타 수행을 둘러싼 논쟁 외에도 저자가 볼 때 마음챙김 명상의 실제 수행에서 논쟁의 여지가 있는 문제들을 모아 3장에서

다루었다. 예를 들자면, 「대념처경」과 「안반수의경」에서 신념처
분에 나타나는 호흡에 대한 마음챙김 수행에서 '온몸을 경험하
면서'라는 표현에 대한 해석이다. 「대념처경」과 「안반수의경」에
나타나는 "온몸을 경험하면서"라는 표현은 어떻게 해석하느냐
에 따라 실제 수행에 중요하다. 이 표현과 관련하여, 경장에 호
흡도 한 가지 몸이라는 표현이 나온다. 『청정도론』은 '온몸'에서
몸을 호흡이라고 해석하고 '온몸'을 호흡의 시작과 중간과 끝으
로 해석한다. 반면 저자는 "온몸을 경험하면서"를 문자 그대로
의 의미로 해석한다. 타니싸로 스님과 보디 스님은 저자와 같은
입장이다. 타니싸로 스님은 호흡의 감각sensation of breathing에 주의
를 기울이고 나서 호흡이 몸의 다른 부위들에서 어떻게 느껴지
는지 알아차리라고 한다.[31] 문제의 표현에 대한 저자의 해석의
근거는 「대념처경」에 호흡에 대한 마음챙김 수행에 이어서 '몸
의 작용身行을 편안히 하면서'라는 표현이 있다는 것이다. 「대념
처경」에 호흡은 몸에 속하는 것이므로 호흡은 몸의 작용(신행)이
라는 가르침이 있다. 이것은 호흡에 대한 마음챙김 명상이 신념
처에 포함된 이유를 설명하는 것이라고 이해된다. 저자는 실제
수행에 비춰 몸의 작용은 호흡뿐만이 아니라 긴장이나 떨림같
은 것도 포함된다고 생각한다. 따라서 실제 수행을 할 때 '온몸
을 경험하면서'를 문자 그대로의 의미로 받아들이고 호흡에 대
한 마음챙김을 수행하면 긴장과 같은 몸의 작용을 편안히 할 수

있게 된다. 몸의 긴장을 이완시키는 것은 위말라람시 스님과 타니싸로 스님의 수행지침에서도 발견된다.[32] 긴장을 푸는 것을 강조하는 두 선사들의 수행지침을 약간 보완하여 저자는 긴장을 알아차리고 난 후 긴장을 푸는 것을 강조한다. 단순히 긴장을 푸는 것은 긴장을 억누르는 사마타 수행의 성격을 띠지만, 긴장을 풀기 전에 긴장을 알아차리는 것은 위빠사나 수행으로 이어지는 데 밑거름이 되며, 마음챙김을 통해 칠각지 중 하나인 택법각지가 길러지는 데도 도움이 된다. 수행이 성숙해짐에 따라 몸의 작용이 극히 미세해짐에 따라 호흡과 몸이 통일적인 상태를 경험하게 되며 삼매cittekagattā에 이르게 된다.[33] 위말라람시 스님이 쓴 「안반수의경」에 대한 해설은 저자의 견해와 일맥상통한다. 이러한 내용은 3장에서 다뤄진다.

　3장 「이론과 실제의 접목」에서는 실제 수행에 성숙한 수행자가 붓다가 말하는 깨달음을 추구하는 과정에서 직면하는 문제들을 주제로 선정하여 다룸으로써 실제 수행에 실질적인 도움이 되고자 하였다. 경장을 위주로 한 이론 지식과 수행선사들의 지침들, 그리고 실제 수행 체험을 통합하여 문제에 대한 답을 찾고자 하였다. 수행의 기초적인 문제부터 수행에 성숙한 수행자들이 직면하는 문제 순으로 다뤘다. 맨 마지막에 다뤄진 '아는 마음'이라는 주제는 개오의 체험을 한 것으로 보이는 수행선사들이 한결같이 강조하는 부분이다. 아는 마음에 대한 부분에서 개오의 체험과 연관이 깊은 수행법과 수행체계들이 논의된다.

「실제 수행을 위한 매뉴얼」은 미얀마와 그 외 지역이 배출한 위대한 수행선사들의 수행지침서들의 내용, 그리고 마음챙김 명상에 대한 붓다의 가르침을 담은 경전 텍스트의 해석, 저자 나름대로의 수행 체험을 바탕으로 한 수행법을 모두 통합하여 저자 나름대로 체계화한 것들을 포함한다. 매뉴얼이 담고 있는 내용은 수행선사들이 전하는 수행법들을 저자가 직접 수행하고 경험한 체험을 마음챙김 명상에 대한 붓다의 가르침을 담은 경전의 내용에 비춰 보고 또 경전 텍스트의 의미를 실제 수행 체험에 비춰 해석해보는 과정을 통해 붓다가 깨달음에 이르기까지 닦았을, 가장 정통한 명상법에 대해 탐구한 작업의 결과이다.

명상 매뉴얼 부분은 수행에 핵심이 되는 것들, 마음챙김 명상 수행에 있어서의 일반적인 수행지침, 좌선 수행법, 와선 수행법, 행선 수행법을 담고 있다. 모든 수행지침들은 초보자를 위한 기초적인 것부터 시작하여 수행에 성숙한 수행자를 위한 것들 순으로 소개하였다.

이 책의 이론 정립과 매뉴얼을 구성하면서 저자는 우리들이 재가자로서 일상생활에서 겪는 번뇌를 다룰 줄 알고 극복하여 마음의 안정과 평화를 가져오는 변화를 통해 점점 붓다가 깨달은 바와 같은 대지혜를 추구하는 길로 나아가게 되기를 바라는 마음으로 임하였다. 그 길은 과정에서도 행복한 삶을 살게 되고 궁극적인 가치인 해탈에 대한 영감이 점점 강해져 이상과 현실 사이의 괴리가 줄어들며 하나로 모이는 길이다.

 인간에게 깨달음은 여러 가지가 있을 수 없다고 생각했다. 그러나 현실 속에는 수많은 다양한 명상법들이 존재하고 똑같은 명상법에 대한 이해도 다 다르고 똑같은 스승한테 배워도 개인의 성향에 따라 각자의 수행법이 다르다. 중요한 것은 명상법이 다를 때 뒤따르는 체험도 다를 수밖에 없다. 어떤 경우는 초월적 체험일 수 있지만 깨달음은 아닐 수 있다. 붓다라는 스승이 간 깨달음의 길은 번뇌의 소멸을 통한 마음의 정화를 전제로 한 통찰지의 터득을 위한 것이다. 지혜만이 진정으로 무명을 타파하는 해탈의 길이기 때문이다. 바른 길에 만난 깨달음은 후퇴가 없는 법이다. 지혜 없는 어둠 속에서의 초월적 체험은 변화를 의미할 뿐이다. 유신론적 배경에서 요가적 명상에 의해 깨달음을 얻을 경우 범아일여의 교의와 같이 관념론적 일원론의 교의로 표현될 것이다. 이 경우 깨달음은 보다 초월적 세계 지향적인 것이다. 반면 붓다의 명상법은 초월적 세계보다는 경험 세계에 대한 통찰지의 터득을 추구하는 만큼 깨달음의 성격은 초월적이면서도 현실적인 즉, 중도적인 것이다.

마음챙김 명상 이론

1. 마음챙김 명상의 핵심 수행법 – 마음챙김, 알아차림

마음챙김 명상은 붓다에 의해 고안되고 붓다가 깨달음을 얻는 순간 닦은 명상법이다.[1] 그의 명상법은 위빠사나 명상이라고 알려져 있기도 하다. 그러나 그의 명상법은 사마타와 위빠사나의 측면을 모두 포함한다. 그의 명상법이 위빠사나 명상이라고 알려진 배경에는 상좌부 불교 국가들에서 사마타 수행에 대한 그릇된 견해가 퍼지고 위대한 수행선사들을 배출한 미얀마가 정치적 이유로 사마타 수행을 억압하고 위빠사나 수행을 장려한 상태에서 서구에 전해진 것과 연관이 있는 것으로 보인다.[2]

먼저 사마타 수행에 대해 알아보기로 한다. 사마타는 원래 붓다의 등장 이전에 존재했던 요가적 명상을 가리키는 말이다.[3] 요가의 명상은 그 자체로 사마타 수행이며 위빠사나 수행은 포함하지 않는다. 위빠사나 수행은 붓다의 명상법에 고유한 부분이다. 산스크리트로 고요함을 뜻하는 śamatha가 빨리어로 된 초기불교경전에 samatha로 쓰이게 되었다. 사마타는 '고요하다√am'라는 동사어근에서 파생한 말이다.[4] 요가의 명상은 산란한 마음을 고요하게하기 위하여 마음을 하나의 대상에 몰입시키기 위한 집중 명상법이다. 요가의 명상은 마음작용citta-vtti, mental modification의 끊어짐nirodha, 止[5]을 목표로 하는데 마음작용은 마음을 산란하게 하는 작용으로서 모든 형태의 번뇌와 무명 형성작용이라고 할 수 있다.[6] 요가 전통은 마음을 하나의 대상에 완전히 몰입시켜 마음의 하나됨의 상태에서 마음이 동요되지 않도록 하는 것이 번뇌로부터 자유로워지는 길이라고 믿었다. 따라서 마음을 고요하게 하는 것에 치중하는 요가 명상은 사마타 명상과 동일시된다. 요가의 목적은 이욕에 있는데[7] 번뇌의 근본적 원인은 탐욕이며 마음작용도 탐욕에서 비롯되기 때문이다. 요가 명상에 의해 길러지는 사마타의 힘은 마음을 고요하게 하면서도 감각적 쾌락에 대한 욕망으로부터 벗어남의 힘이다.

그러나 붓다의 명상법에 포함된 사마타 수행법은 요가의 수행법과는 다르다. 두 가지 사마타 수행법의 차이점 문제는 긴 시간에 걸친 요가 전통의 변천과정[8]과 그 과정에서 붓다에게 영향을 미친 요가 전통은 어떤 시기의 어떤 형태의 것인지에 대한 역사적 문화적 고찰을 요하는 복잡한 것이다. 따라서 유구한 요가 전통의 변천과정은 각주로 처리하고 이 맥락에서는 붓다에게 영향을 미친 요가에 초점을 맞추고 붓다의 명상법에 포함된 사마타와 위빠사나, 그리고 구체적인 수행기법인 마음챙김과 알아차림을 중심으로 다루기로 한다. 요가의 사마타 수행법과 붓다의 사마타 수행법의 차이점에 대해서는 2장 3절「사마타와 위빠사나」에서 보다 자세히 논의하기로 한다.

붓다에게 영향을 미친 요가 전통에 대해 알아보기로 한다. 요가적 사마타 수행과 붓다의 명상법에 포함된 사마타 수행은 서로 다른데 이것은 형이상학적 세계관이 다른 것에 기인한다. 붓다는 출가 후 상캬·요가 수행자들을 찾아가 선정의 최고 단계에 이르는 요가 명상법을 배워 실제로 선정의 최고 경지를 체험하였다고 전해진다.[9] 붓다 생존당시 붓다에게 영향을 미쳤을 요가 전통은 당시 상캬전통의 이원론적 무신론적 세계관을 수용하고 요가 수행을 중시하는 형태였던 것으로 보인다. 붓다의 등장 이전 시기의 철학사조를 반영하는 초기 우빠니샤드에는 범아일여 사상이 핵심사상으로 나타나는데 이러한 관념론적 일원론 사상에 대한 반발로 현실주의적 상캬 이원론 사상이 등장했다. 이러한 변화의 흐름은 초·중기 우빠니샤드에 나타난다. 붓다가 상캬 이원론의 세계관의 영향을 받은 흔적은 그의 오온의 교의로 나타나는 세계관과 명상수행법에도 나타난다. 오온의 교의와 명상법에 물질-정신, 대상-마음의 이원론적 특징이 관통하고 있다. 오온의 교의는 2장 2절 「정견」 부분, 고성제를 다루는 맥락에서 자세히 다뤄진다.

붓다는 상캬 전통의 영향을 받아 무신론적이었다면 요가 전통은 유신론적 전통과 밀접한 연관이 있다.[10] 요가 전통은 붓다에게 알려지기 이전 시기에도 유신론적 배경에서 일원론 사상을 낳았고 붓다의 생존 시기 이후에는 점점 더 유신론적 특징이 강해져 무신론적인 상캬 형이상학을 흡수한 채 독자적인 철학전통으로 발전하게 되었다. 일원론 사상을 낳은 요가의 명상법은 자기의식마저 사라진. 대상에의 완전한 몰입을 위해 호흡이나 신이라는 개념에 집중하여 고요함을 계발하기 위한 것이다. 반면 붓다의 명상법의 사마타 수행은 대상-마음의 이원성의 상태에서 마음을 하나의 대상(영역)에 고정시켜 정신통일을 길러 고요함을 계발하고 대상을 있는 그대로 꿰뚫어보는 통찰지를 계발하기 위한 것이다.

　이제 붓다의 명상법의 위빠사나의 측면에 대해 알아보기로 한다. 빨리어 vipassana는 접두사 vi(분리해서)와 동사어근 √dṛś(본다)의 합성어로서 '분리해서 본다'의 의미를 지닌다. 위빠사나는 도를 닦아(수행) 번뇌를 꿰뚫는 것을 의미한다.[11] 몸과 마음에서 일어나는 번뇌들을 '내 것'이 아니라 대상으로 객관화시켜 바라보고 나아가 실상을 꿰뚫음으로써 해탈의 직접적인 계기가 되는, 무상, 고, 무아라는 삼특상을 통찰지pañña로써 얻는 것이다.[12] 따라서 붓다의 명상은 통찰명상insight meditation이라고 알려져 있기도 하다. 그런데 붓다의 직설을 담은 경장을 통해 붓다의 명상법은 사마타와 위빠사나를 포함한다는 것을 알 수 있다. 상윳따 니까야(SN 43:2)에 열반을 의미하는 무위법에 이르기 위한 여러 가지 방법들이 소개되는데 그 중에 사마타와 위빠사나가 무위법에 이르는 길이라는 내용이 나온다.[13] 앙굿따라 니까야의 「삼매경」(AN 4:93)에서 붓다는 네 부류의 사람에 대해 설한다. 사마타와 위빠사나를 닦았느냐에 따라 네 부류로 나눈 것이다. 여기서 붓다는 사마타 수행을 통해 얻은 마음의 삼매와 위빠사나 수행에 의한 통찰지를 모두 구족하는 것이 바람직하다고 설한다. 그러면서 마음챙김과 알아차림을 닦으라고 설한다. 결론적으로, 붓다의 명상법은 사마타와 위빠사나 수행의 측면을 지니며 수행기법은 마음챙김sati과 알아차림sampajāna인 것이다.

이 맥락에서 위빠사나 명상이라고 널리 알려진 붓다의 명상법은 사마타와 위빠사나의 측면을 모두 포함하기 때문에 위빠사나 명상이라고 부르는 것은 바람직하지 않다는 점을 지적한다. 저자는 붓다의 명상법을 '마음챙김 명상'이라고 부르는 것이 바람직하다고 생각한다. 이유는 자신의 명상법에 대한 붓다의 가르침을 담은 대표적인 경經으로 「대념처경」과 「안반수의경」을 들 수 있는데 두 경의 제목에 모두 sati라는 빨리어 용어가 쓰였기 때문이다. sati는 영어로 mindfulness로 번역되고 한역어로는 마음챙김이 주로 쓰이는 추세에 있다.[14]

붓다의 명상법의 핵심기법인 마음챙김sati과 알아차림sampajāna에 대해 알아보기로 한다. 붓다는 사마타와 위빠사나를 균형있게 모두 수행하는 것이 바람직하다고 하면서 수행법은 마음챙김과 알아차림이라고 설한다. 상윳따 니까야에 나오는 「삼매경」에서 붓다는 안으로 마음의 사마타 혹은 삼매도 얻었고 위빠사나의 높은 통찰지를 얻기 위해서 아주 강한 의욕과 노력과 관심과 분발과 불퇴전과 마음챙김과 알아차림을 수행해야 한다고 설한다.[15] 쉽게 설명하면, 사마타 수행을 통해 삼매를 계발하고 위빠사나 수행을 통해 통찰지를 계발하기 위해서는 마음챙김과 알아차림을 수행해야 한다는 것이다. 이것은 마음챙김 명상의 핵심 수행기법은 마음챙김과 알아차림이라는 것을 뜻한다. 그런데 혹자는 마음챙김은 사마타 수행법이고 알아차림은 위빠사나 수행법이라고 생각할 수 있다. 「바야베라와경」(MN 4)에 바른 삼매는 마음챙김과 알아차림을 통해 도달할 수 있다는 내용이 나온다. 이것은 사마타 수행은 마음챙김과 알아차림을 수행하는 것이라는 것을 뜻한다. 마찬가지로 위빠사나 수행도 마음챙김과 알아차림을 수행하는 것이다. 태국의 아짠 차 스님 역시 마음챙김과 알아차림 수행을 통해 통찰지가 계발된다고 한다.[16]

마음챙김으로 한역되는 빨리어 sati는 '기억하다$\sqrt{sm}$'라는 동사 어근에서 파생된 추상명사로 사전적인 의미는 기억 혹은 억념이다. 마음챙김 명상에 의해 수행자는 마음을 과거와 미래로 달아나게 하는 생각들에 끌려다니지 않고 현재로 돌아와 '지금 여기' 머물게 한다. '기억하다'라는 동사어근에서 파생한 마음챙김은 경험의 장에서 일어나는 것들을 있는 그대로 주시하는 것을 잊지 않아 의식이 '지금 여기' 깨어있도록 유지하는 수행이다.[17] 따라서 마음챙김은 "대상에 깊이 들어가고 대상을 파지把持하고 대상에 확립하고 그래서 마음을 보호한다".[18] 마음챙김은 몸과 마음에서 일어나는 번뇌들을 대상으로 객관화시켜 주시하고 경험의 장을 명확하게 하여 경험의 장에서 일어나는 것들이 통찰가능하도록 만드는 정신적 능력이다.[19] 마음챙김은 경험의 장에 주의를 기울여 대상을 개념을 통하지 않고 있는 그대로 꿰뚫어 볼 수 있도록 한다. 번뇌를 대상으로 객관화시켜 알아차리는 수행에 의해 개념을 통하지 않고 법을 꿰뚫어 보고 지혜로써 깨닫기 위해서는 대상이 느낌 내지 에너지의 형태로 경험되어야 한다. 따라서 마음챙김 명상에 의해 열리는 인식의 영역은 직접적인 경험의 영역이다.

상빠자나sampajāna는 분명한 알아차림으로 한역된다.[20] sam은 '함께'를 의미하는 접두사, pa는 강조를 의미하는 접두사, 동사어근은 √ñā(알다)이다.[21] 알아차림은 통찰지를 계발하기 위한 필수요소이다. 통찰지를 계발하는 위빠사나 명상은 우리의 경험의 장에 마음의 초점을 맞춰 정신과 물질, 혹은 마음과 대상을 마음챙겨 알아차림으로써 마음을 정화시켜 통찰력을 계발하기 위한 것이다.[22] 우리는 개념을 통해 외부 세계를 알고 있는데 위빠사나는 개념적 존재를 연기법의 이치대로 조건적으로 일어나고 사라지는 법들로 해체해서 법들의 특상인 무상, 고, 무아를 통찰지로써 터득하기 위한 수행이다.[23] 그렇게 꿰뚫은 법들은 우리 경험의 진실이며 가치로서 더 이상 취착의 대상이 아닌 것이다.

마음챙김 명상의 실제 수행 프로그램은 사념처 수행이다. 사념처 수행은 「대념처경」에 잘 나타난다. 사념처 수행은 네 가지 대상 영역 ― 몸, 느낌, 마음, 정신적 대상(법) ― 에서 마음챙김과 알아차림을 수행하여 마음챙김을 확립하는 수행이다. 마음챙김의 확립은 갈애나 개념적인 견해가 없이 삼매와 지혜만이 있는 것이다.[24] 그런데 「대념처경」을 보면 마음챙김과 알아차림 외에 수관隨觀, anupassī이라는 표현이 자주 나타난다. 「대념처경」에 몸의 영역에서 몸을 관찰하며 머물며, 느낌의 영역에서 느낌을 관찰하며 머물며, 마음의 영역에서 마음을 관찰하며 머물며, 법의 영역에서 법을 관찰하며 머무는 것이 수관이라고 나온다. 수관은 네 가지 마음챙김의 대상 영역(사념처)에서 일어나는 것들을 일어나고 머물고 사라지는대로 흐름을 따라 관찰하는 수행이다.[25] 「대념처경」을 보면 네 가지 대상 영역에서 수관을 닦는 수행법은 다름아닌 마음챙김과 알아차림이라는 것을 알 수 있다.[26] 다시 말해서 마음챙김 명상 프로그램인 사념처 수행은 네 가지 대상 영역에서 일어나고 사라지는대로 대상을 따라 마음챙겨 알아차리는 수관이라고 설명될 수 있다.

   이제 사념처 수행의 맥락에서 사마타와 위빠사나의 관계에 대해 고찰하기로 한다. 사마타와 위빠사나 수행을 모두 포함하는 마음챙김 명상은 삼매를 길러 통찰지를 얻기 위한 명상법이다.[27] 분석적으로 접근하면 마음챙김은 사마타 수행법으로, 알아차림은 위빠사나 수행법으로 이해할 수 있는데 붓다의 직설을 담은 경經의 내용에 비춰 볼 때 둘은 마음챙김과 알아차림을 수행한다는 점은 공통적이다. 차이는 사마타 수행은 하나의 대상이나 대상 영역을 정하여 마음챙김과 알아차림을 수행함으로써 집중되고 정신이 통일된 삼매를 기르는 것이다. 위빠사나는 대상이나 대상 영역을 정하지 않고 조건적으로 형성된 것들이 일어나고 사라지는대로 마음챙겨 알아차림으로써 인식의 장에서 개념을 통하지 않고 연기법의 삼특상인 무상, 고, 무아를 꿰뚫어 통찰지를 터득하는 것을 목적으로 한다.[28] 사마타 수행은 집중력 증대에는 탁월한 효과를 보이지만 깨달음까지 이르는 연결고리가 취약한 성향을 지닌 반면, 위빠사나 수행은 깨달음으로 이끌어 주는 방편은 튼실하지만 집중력 배양이 더딘 성향이 있다고 한다.[29] 앞에서 사마타 수행은 마음챙김을, 위빠사나 수행은 알아차림을 수행하는 것으로 분석하는 것은 바람직하지 않다고 지적한 바 있다. 둘의 관계는 논리적으로 이해불가능하다. 사마타와 위빠사나 수행과 관련하여 마음챙김과 알아차림은 동전의 양면과 같이 상호의존적이며 상호보완적이다.

사마타와 위빠사나 그리고 마음챙김과 알아차림의 관계 문제를 구체적으로 실제 수행의 측면에서 고찰하기로 한다. 「대념처경」은 사마타와 위빠사나의 구분에 대해 명확히 설명하고 있지 않지만 사념처 수행을 다루는 네 부분 — 즉, 신념처분, 수념처분, 심념처분, 법념처분 — 에 모두 사마타와 위빠사나 수행에 대한 내용을 포함하고 있는 것을 볼 수 있다. 「대념처경」에 나타나는 내용 중에 집중을 계발하는 사마타 수행법을 분석해 보기

로 한다. 마음챙김 명상 수행의 초보 단계에서는 몸에 대한 마음
챙김 명상 ― 신념처 수행 ― 의 일환으로 호흡을 일차대상으로
삼아 마음챙겨 알아차림을 수행하는데 이것은 삼매를 기르기
위한 사마타 수행이다. 몸, 느낌, 마음, 법이라는 네 가지 영역 중
하나의 영역을 정하여 마음챙겨 알아차림을 수행하는 것도 삼
매를 기르는 사마타 수행의 측면이다. 호흡에 대한 사마타 수행
으로 집중이 길러지면 몸으로 초점이 확대되어 몸에서 일어나
는 거친 대상을 마음챙겨 알아차리다가 점점 더 미세한 대상을
마음챙겨 알아차리게 된다. 이와 같이 사마타 수행을 통해 집중
력이 길러지면 자연히 위빠사나 수행으로 넘어가게 된다. 왜냐
하면 사마타 수행을 할 때도 마음챙김 뿐만이 아니라 알아차림
을 수행하기 때문이다. 사마타 수행을 할 때 마음챙김과 함께 알
아차림을 수행하므로 마음이 흩어지지 않고 집중되면 위빠사나
수행으로 넘어가게 된다. 위빠사나 수행은 경험의 장 ― 몸, 느
낌, 마음, 법 ― 에서 대상을 밖으로 즉, 대상과 마음 사이에서 벌
어지는 것들에 대해 관찰하는 수행이며 또한 대상이 일어나고
사라지는대로 관찰하는 수행이다.

　몸의 영역에서 사마타 수행에 이어 위빠사나 수행을 하고 사
마타와 위빠사나를 결합해서 수행하는 것이 수관이다. 수관은
각 대상 영역에서 이루어진다는 점에서 사마타의 성격을 지니
지만 대상을 밖으로 관찰하고 일어나고 사라지는대로 관찰한다

는 점에서 위빠사나 수행이기도 하다. 따라서 수관은 사마타와 위빠사나를 결합하는 수행법이다. 따라서 사마타를 위주로 하든가 위빠사나를 위주로 하든가는 수행자의 성향이나 선택에 따라 달라질 수 있다. 위빠사나는 정신·물질적인 현상을 관찰하는 것이라고 간략히 설명될 수 있는데 위빠사나 수행에 성숙해지면 정신·물질을 구분한 뒤 그것의 조건을 탐구하면서 무명으로 시작하는 십이지연기를 역관 혹은 순관으로 보는 수행으로 발전한다.[30] 마음챙김의 장이 느낌, 마음, 정신적 대상의 영역으로 확대됨에 따라 사념처 수행이 이루어진다.

　본 절에서의 논의의 핵심은 마음챙김 명상은 사마타와 위빠사나의 측면을 포함하며 사마타 수행과 위빠사나 수행 모두 마음챙김과 알아차림을 수행한다는 것이다. 마음챙김은 사마타 수행기법이며 알아차림은 위빠사나 수행기법으로 분석적으로 이해하는 것은 오류이다. 사마타와 위빠사나의 상호의존적 관계는 마음챙김과 알아차림의 밀접한 관계와 맞물려 있다. 삼매를 기르는 마음챙김과 지혜의 계발과 밀접한 연관이 있는 알아차림은 뗄 수 없는 관계에 있는 것이다. 이 네 가지 요소들의 상호의존적이고 상호보완적인 관계를 해명하기 위하여 마음챙김과 밀접한 연관이 있는 여섯 번째 감각기관인 마노意와, 앎을 본성으로 하는 마음인 찌따意識의 관계를 설명할 필요가 있다. 이것은 우리 마음의 통일적인 기능에 관한 것이다. 이러한 논의는 3장

「아는 마음」에서 이루어진다.

본 절을 맺으며, 붓다가 마음챙김 명상을 고안한 이유는 요가 명상에는 결여된 통찰지의 계발을 위해서였다. 무엇에 대한 통찰지인가 하면 인간을 고통스럽게 하는 번뇌의 특상인 무상, 고, 무아를 꿰뚫어 봄에 의한 통찰지이다. 붓다는 고통의 근본적 원인을 무명이라고 보았다. 탐, 진, 치에 의한 갈애라고 설하는 곳도 있지만[31] 탐, 진, 치는 모든 법들의 무상, 고, 무아에 대한 깨달음이 없는 무명에 기인하기 때문에 무명이 고통의 가장 근본적인 원인이다. 무명의 근절은 지혜 — 무명없음 — 의 힘에 의해 가능하다. 지혜는 사물의 궁극적 본성에 대한 의심의 여지없는 앎이다. 그러한 통찰지가 고통의 종식 즉, 열반을 가져온다. 열반에 이르게 하는 통찰지는 마음챙김 명상만으로 얻어지는 것이 아니라 전인적인 변화가 일어나도록 지, 정, 의의 의식의 요소들을 체계적으로 변화시켜 인간의 실존 조건을 완전히 바꿀 때 얻어진다. 그러한 체계적 변화의 도정이 팔정도이다.[32]

2. 바와나와 팔정도

붓다는 그가 깨달음을 얻기 위해 닦은 방법을 '바와나bhāvanā'라는 용어를 사용하여 가르쳤다.[33] 바와나는 일반적으로 경험적·정신적 발전을 의미하는데 국내에서는 수습으로 번역되기도 한다. 붓다는 명상을 통한 정신적 훈련, 집중하는 기술, 마음의 정화를 가르치는데 이 용어를 사용하였다. 구체적으로 설명하면, 정신의 집중과 지혜의 계발을 병행함으로써 무상, 고, 무아라는 법의 일반적 성품의 통찰을 계발하는 것을 포함한다. 바와나는 마음챙김 명상을 말하는 것같이 보이지만 붓다가 깨달음을 얻기까지 닦은 수행법이 팔정도의 가르침으로 체계화되었기 때문에 마음챙김 명상을 포함하는 팔정도에 대한 통찰을 계발하는 것을 말한다. 붓다의 명상법인 마음챙김 명상을 탐구하는데 있어 팔정도의 가르침이 중요한 이유는 마음챙김 명상이 팔정도 중 일곱 번째 항목인 정념에 해당하며 마음챙김 명상은 팔정도로써 닦는 것이 바른 길이기 때문이다. 마음챙김 명상은 전인적 계발을 위한 것이며 팔정도가 그 체계이기 때문이다.

팔정도는 정견, 정사, 정어, 정업, 정명, 정정진, 정념, 정정이다. 정견은 바른 견해, 정사는 바른 결의, 정어는 바른 말, 정업은 바른 행동, 정명은 바른 생계, 정정진은 바른 노력, 정념은 바른 마음챙김 즉, 마음챙김 명상을 가리킨다. 정정은 바른 삼매를 의미한다. 『청정도론』에는 팔정도의 여덟 가지 항목이 삼학 ― 계율, 삼매, 지혜 ― 으로 분류되어 있다. 정견, 정사는 지혜를 닦는 부분에 해당하고 정어, 정업, 정명은 계율을, 정정진, 정념, 정정은 삼매를 닦는 부분에 해당한다. 팔정도를 삼학으로 분류하는 것은 팔정도의 체계를 이해하는 데 도움이 된다.

　팔정도의 바름은 중도를 말한다. 따라서 팔정도는 중도의 실천 체계이다. 보디 비구는 팔정도의 여덟 가지 구성요소들은 여덟 갈래로 엮어진 하나의 줄에 비유될 수 있어서 최고의 힘을 내도록 여덟 갈래가 다 기여해야 한다고 한다.[34] 일정한 수준에 이르면 여덟 가지가 모두 작용하지만 그런 단계에 이르기 전까지는 여덟 가지 요소들을 순차적으로 실천하는 것이 불가피하다. 『청정도론』에도 제시되듯 일반적으로 계율, 삼매, 지혜의 순서로 닦는 것이 바람직하다. 왜냐하면 도덕적 함양을 위해 계율을 지키는 것은 세 가지 중 가장 수월하지만 계율을 지키는 도덕적 훈련은 행동 능력들이 마음의 오염원들인 탐, 진, 치의 도구가 되는 것을 막기 위해 행동을 절제하기 위한 것이기 때문에 마음의 안정에 도움이 되어 삼매의 기반이 되고 삼매는 지혜의 기반이 되기 때문이다. 해탈에 이르기 위한 직접적 도구는 지혜이기 때문에 여기서 지혜의 중요성을 고찰하기로 한다.

　팔정도에서 지혜의 요소는 그 이전까지의 요가의 전통에서는 찾아볼 수 없었던, 팔정도에 고유한 부분이다. 팔정도를 닦는 목적은 통찰지의 계발이다. 왜냐하면 붓다의 궁극적 목표는 고통으로부터의 자유를 성취하는 것인데 이것은 고통의 근본적인 원인인 무명을 타파하는 지혜의 터득에 달려있기 때문이다. 무명은 단순히 바른 앎의 부재이다.[35] 우리의 마음이 오염되어 사물의 실상이 왜곡되게 나타나는 것이다. 바른 앎 혹은 지혜는 사념처의 다양한 현상들을 그 근본적인 존재 양상 즉, 무상, 고, 무아로 꿰뚫어 보는 것이다.[36] 따라서 지혜를 터득하기 위해서는 사물들을 있는 그대로 통찰하고 깨닫는 능력이 계발되어야 하는데 이것은 산만하지 않은 집중력 혹은 삼매의 계발을 필요로 한다.

이제 계, 정, 혜로 이루어진 팔정도를 닦는 길에 대해 논의해 보기로 한다. 앞에서 『청정도론』에 따르면 계율, 삼매, 지혜 계발의 순서로 닦는 것이 바람직하다고 하였는데 팔정도에는 지혜가 맨 앞에 나타난다. 팔정도의 구성요소들 중에 지혜를 닦는 방법에 대한 의문이 생길 것이다. 보디 비구는 팔정도의 지혜 계발에는 두 단계가 있다고 한다.[37] 깨달음으로 이르는 준비 단계에서의 지혜 계발과 깨달음을 의미하는 보다 높은 수준의 지혜 계발이다. 고통으로부터의 자유를 성취하기 위해 팔정도의 닦음은 사물의 궁극적 진리에 대한 통찰지로 이어져야 한다. 정견과 정사로 이루어진 지혜 계발이 깨달음의 준비단계에서 필요한 이유는 정견은 수행을 위한 시각을 제공하고 정사는 방향감각을 제시하기도 하지만 우리의 행동 이전에 일어나는 의도를 바로잡기 때문이다.[38] 행동은 항상 의지적 행동이다. 행동의 윤리적 의미를 결정하는 것은 의지다.

지혜 계발이 깨달음의 수준으로 이어지기 위해서는 팔정도의 요소들이 통합적으로 계발되어야 한다. 계율 수행과 삼매의 계

발에 의해 마음이 청정해질 때 그러한 높은 수준의 지혜가 계발
된다. 그럴 경우 정견과 정사로 이루어진 지혜 계발은 새로운 차
원을 띠게 되는 것이다.[39] 깨달음으로 이르는 준비 단계에서 정
견은 개념적 파악 수준에 머물렀다면 깨달음의 단계에서는 현
상의 본성에 대한 직접적인 통찰이 되고 정사는 깊은 깨달음에
서 우러나는, 오염원들 — 탐, 진, 치 — 의 진정한 포기가 된다.[40]
따라서 의도와 밀접한 연관이 있는 정사는 계율 수행에 직접적
인 영향을 미친다. 한편, 팔정도에서 지혜 계발과 삼매 계발의
관계에 대해서, 많은 곳에서 붓다는 지혜 계발을 위해 삼매가 요
구된다고 말한다. 그런데 지혜 계발은 삼매 계발에 도움이 되기
도 한다. 불선한 성향들은 주의를 분산되게 하여 마음을 산만하
게 만들기 때문에 삼매를 계발하기 위해서는 불선한 성향을 정
화시켜야 하는데 정견과 정사, 특히 의도와 직접적인 연관이 있
는 정사는 불선한 성향을 정화시킨다. 실제 수행의 관점에서 볼
때 통찰지의 계발은 마음챙김 명상 수행에 의한 삼매의 계발을
전제로 하는데 이 문제는 사마타 수행과 위빠사나 수행의 문제
로 다뤄질 수도 있다. 사마타와 위빠사나의 측면을 모두 포함하
는 마음챙김 명상의 사마타 수행에 의하여 계발되는 삼매는 유
익한 마음이 하나로 통일되는 집중의 경지이며 사마타는 위빠
사나 수행에 의한 지혜의 계발에 밑거름이 된다.[41] 이 맥락에서
앞에서 언급된 바를 기억할 필요가 있다. 사마타와 위빠사나 모

두 마음챙김과 알아차림을 수행한다는 점에서 공통적이며 마음챙김은 사마타 수행법으로, 알아차림은 위빠사나 수행법으로 분석하는 것은 바람직하지 않다는 것이다.

팔정도를 어떻게 닦을 것인가의 문제는 중도의 터득에 달려있다. 붓다가 중도는 곧 팔정도를 일컫는다고 말한 것은 그것을 의미한다. 중도는 고통으로부터의 해방을 위한 잘못된 시도인 양극단의 절충이 아니라 양극단이 내포하는 오류를 피함으로써 양극단을 초월하는 것이다. 「삿짜 상윳따」(SN 56:11)에서 붓다가 설명하는 양극단은 감각적 쾌락과 고행이다. 전자는 욕망을 채움으로써 불만족을 소멸시키는 시도인데 감각적 쾌락은 거칠고 덧없고 깊은 만족을 주지 못한다. 감각적 쾌락이 주는 즐거움은 그 욕망을 놓아버림에 의해 얻어지는 행복에 비해 저급하고 고통을 잠시 잊게 하는 진통제와 같이 근본적인 해결책이 아니다. 또 다른 극단은 금욕고행인데 이것은 육체를 고통스럽게 함으로써 자유를 얻고자 하는 시도인데 이것은 육체가 속박의 원인이라는 오류를 범한다. 속박의 원인은 탐, 진, 치에서 비롯되는 집착하는 마음이다. 이러한 마음의 오염을 소멸시키기 위해 육체는 필요한 도구이므로 육체를 괴롭히는 금욕고행은 적합하지 않다.[42] 해탈의 직접적 요인인 통찰지의 터득을 위해 정신적 능력을 계발해야 하는데 그러한 정신적 훈련을 위해 몸이 건강해야 한다.[43]

붓다가 중도를 현악기의 현에 비유해서 설명했듯이 감각적 욕망이나 금욕고행 모두 집착에 의해 치우친 마음 상태이다. 마음이 치우친 상태에서는 있는 그대로의 진실상을 꿰뚫어 보는 지혜의 눈이 뜨일 수 없다. 중도는 지혜의 눈이 뜨이기 위한 열쇠이다. 그렇기 때문에 붓다는 중도는 통찰력을 주며 지혜를 주며 고요함을 주며 깨달음으로 이끌고 열반으로 이끈다고 하였다.[44] 팔정도를 닦음으로써 통찰지의 터득을 위한 조건을 계발하는 것이 중도의 실현이다. 지혜와 계율과 삼매의 상호보완적 관계는 논리적 분석에 의해 밝힐 수 없다. 지혜 계발은 바른 의도로 계율을 지키도록 도와 마음을 안정되게 하여 삼매의 계발을 돕는다. 삼매의 계발은 지혜의 계발을 위해 필수적이다. 중도의 터득을 위해 지혜와 계율과 삼매를 계발하는 측면을 지닌 팔정도를 어떻게 균형 있게 닦을 것인가에 대한 통찰이 필요하다. 그러한 통찰은 인내하며 팔정도를 꾸준히 닦는 실제적인 노력에 의해 길러질 것이다. 이제 팔정도의 개별적 항목에 대해 알아보기로 한다.

1) 정견

바른 견해는 붓다가 설한 사성제 — 네 가지 성스러운 진리 — 를 말한다. 사성제는 고통dukkha의 교의를 설한 것이다. 사성제는 고성제, 집성제, 멸성제, 도성제로 이루어져 있다.[45] 고통의 범위, 고통의 원인, 고통의 종식, 고통의 종식에 이르는 길을 말한다.

고통의 종식은 열반을 의미하고 고통의 종식에 이르는 길은 팔
정도를 가리킨다. 그런데 「대념처경」에 '이것이 고통이다', '이것
이 고통의 일어남이다', '이것이 고통의 소멸이다', '이것이 고통
의 소멸로 이르는 도닦음이다'라고 나타나는 표현이 생소할 수
있을 것이다.[46] 이것은 붓다가 통찰지로써 깨달은 내용을 표현한
것이기 때문이다. 붓다는 세상에 존재하는 모든 것들이 연기법
의 이치대로 생멸함을 통찰지로써 깨달은 만큼 사성제도 연기
법의 이치로 설명하였다.[47] 집성제는 고통의 원인에 대한 교의를
담고 있고 고성제는 그 결과에 대한 교의를 담고 있다. 도성제는
멸성제의 원인에 대한 교의를 담고 있고 멸성제는 그 결과에 대
한 교의를 담고 있다. 맥락에 따라 붓다는 고통의 원인을 갈애로
설하지만 가장 근본적인 원인은 무명이라고 설한 것이다.[48] 무명
은 장애물에 의해 바른 앎이 박탈된 상태이다. 깨달음은 없던 것
이 생기는 것이 아니라 명상수행을 통해 장애물을 제거하여 조
건이 갖춰지면 저절로 얻어지는 것이다. 붓다가 요가수행자들을
찾아가 선정의 최고 경지에 이르는 법을 배워 체험을 하고도 통
찰지panna를 추구하여 마음챙김 명상을 고안하게 된 이유는 무
명을 타파하는 것은 지혜이기 때문이다. 우리는 붓다가 말하는
지혜의 성격을 이해할 수 없다. 우리는 인식작용의 결과 얻어지
는 상대적 지식만을 알고 있기 때문이다. 지혜는 인식작용이 멈
출 때 발휘되는 정화된 의식의 힘이다. 지혜는 무명에 의해 생기

는 왜곡의 장막을 제거하고 우리로 하여금 사물들을 있는 그대로 꿰뚫어보게 하는 힘을 지닌다.[49]

붓다가 사성제를 통해 말하는 고통의 의미는 무엇인가? 고통은 깨달음을 얻어 괴로움으로부터 자유로워진 아라한을 제외하고 범부들의 삶을 관통하는 기본적인 불만족을 가리킨다.[50] 연기의 이치에 의해 형성된 것들은 무상한데 무상한 것에 집착하는데 뜻대로 되지 않으니까 무상한 것은 무엇이든 괴롭다는 속성을 가졌다는 의미이다. 예를 들어, 늙는 법속에 있는 중생이 늙음이 오지 않았으면 하고 바라지만 이루어질 수 없는 것이다. 따라서 구하지만 얻지 못하는 고통이 따른다는 것이다. 따라서 인생이 뜻대로 되지 않는다는 사실을 있는 그대로 여실히 알아 고통에는 반드시 그 원인이 있으므로 그 원인을 알아 그것을 없애면 고통으로부터 해탈하여 고통이 없는 진정한 행복을 실현할 수 있다는 교의이다. 붓다는 고통의 원인으로 갈애와 무명을 말한다. 이것은 집성제의 맥락에서 자세히 다뤄질 것이다.

붓다가 설하는 고통은 구체적으로 어떤 것들을 말하나? 그가 의미하는 고통의 범위는 다음과 같다. 그는 태어남, 늙음, 병, 죽음, 근심, 탄식, 육체적 고통, 정신적 고통, 절망, 원하는 것을 얻지 못함, 취착하는 다섯 가지 무더기五取蘊 자체가 괴로움이라고 설한다.[51] 삶의 육체적 과정은 생노병사로 나타나고 못마땅한 상황, 예를 들어 사랑하는 이와 헤어지거나 싫어하는 사람과 마주

칠 때 혹은 원하는 것을 얻지 못할 때 우리가 내적으로 반응할 때 슬픔, 화, 절망, 두려움으로 나타난다. 오온 자체가 괴로움이라는 말뜻은 다양하게 나타나는 고통은 우리가 무명 상태에서 '나' 혹은 '내 것'이라고 취착하는 경험의 방식과 그러한 경험을 이루는 구성요소들에 기인한다는 것이다. 오취온五取蘊이라고 불리기도 하는데 그 이유는 무명으로부터 자유롭지 못한 사람들은 오온을 '나' 등으로 취착하기 때문이다.[52] 반면 속세를 넘어선 출세간의 단계에 도달한 사람들의 경우 다섯 가지 무더기들은 완전히 취착의 영역을 넘어섰기 때문에 성격상 취착의 무더기가 아니므로 오온으로 불린다.[53] 우리 자신을 비롯하여 우리에게 의미를 지니는 모든 존재들은 우리의 경험에서 비롯된다. 오온은 그러한 경험의 과정과 그 구성요소들을 말하는 것이라고 생각된다. 오온은 우리의 경험을 분석적으로 통찰한 내용이다.

오온의 교의는 붓다의 자아관과 세계관을 보여준다. 다섯 가지 무더기들을 고찰하고 수행의 맥락에서 취착의 대상으로서의 오취온과 취착의 영역을 넘어선 오온으로의 전이 가능성을 살펴보기로 한다. 인간을 비롯해서 외부 세계의 모든 것이 다섯 가지 무더기들의 화합이라고 하는데 이것은 인간을 비롯하여 인간을 둘러싼 외부 세계의 본성을 이해하게 해 준다. 자아도 세계도 불변의 실체가 아니라는 것이다. 오온은 물질적 요소인 색온과 정신적 요소인 수온, 상온, 행온, 식온을 합하여 물질계와 정신계를 통틀어 일컫는 것이다. 경험적 맥락에서 설명하자면, 색온은 대상 혹은 객관의 측면을, 수온, 상온, 행온, 식온은 마음 혹은 주관의 측면을 가리킨다.

색온은 일반적으로 여섯 감각기관의 대상들인 육경 — 성, 촉, 색, 미, 향, 법 — 을 가리킨다. 오온이 인간의 구성요소를 의미하는 경우 색온은 물질로서의 육체를 가리킨다. 수온vedanā, feeling은 느낌의 무더기이다. 형상, 소리 등 육경을 토대로 생기는 감정, 감각, 고통이나 쾌락 등, 우리가 외적 대상을 경험할 때 받아들이는 감수작용을 가리킨다.[54] 상온saññā, perception은 마음의 형상을 만드는 지각표상을 가리키는데 취착에 의해 생기는 인식의 쌓임이나 색온이라는 외재적 요소에 관계되어 구성되는 상념을 가리킨다. 행온sakhārā, mental formation은 취착에 의해 생긴 의도volition나 무더기들이 형성되도록 부추기는 힘을 가리킨다. 업을 일으키는 여러 가지 의지적인 요소들이나 수온, 상온, 식온 이외의 모든 심리 현상들 — 마음부수 — 을 총칭한다. 식온viññāa, consciousness은 수온과 상온에 의해 주어지는 의식들 혹은 마음부수들과 행온의 요인을 포함하는 것으로 육경의 특색을 파악하는 인식작용 혹은 대상을 식별하여 인식하는 최종인식을 말한다.[55] 식온은 업과 직접적인 연관이 있는 행온의 요인을 포함하기 때문에 범부의 경우 업의 상속성 즉, 유정을 지닌 인식작용을 의미한다. 앞의 식이 원인이 되어 나중의 식을 일으키고 그 상속의 힘에 의해 앞의 식을 기억하여 알게 되는 것이다. 식온은 수온과 상온에 의해 주어지는 의식들과 행온의 요인이 한데 묶어진 묶음에 지나지 않는 최종인식으로서 인식판단작용 또는 인식주관으로서의 주체적인 마음을 가리킨다. 보통 육문과 육경의 접촉의 결과인 육식 — 안식, 이식, 비식, 설식, 신식, 의식 — 이 거론된다.[56]

지금까지 오온의 교의를 이론적으로 설명하였다. 붓다가 설한 것들은 전적으로 통찰지로써 깨달은 것들이다. 따라서 오온의 교의를 실제 명상 수행의 맥락에서 다룸으로써 추상적 이론을 탈피해 그의 가르침의 의미를 보다 구체적으로 이해하는 데 도움이 되도록 하고자 한다. 오온의 교의의 뜻은 인간을 비롯한 만물일체는 정신(수, 상, 행, 식)과 물질(색)의 결합이라는 것이다. 명상 수행의 맥락에서도 오온을 정신nāma과 물질rūpa로 구분하여 보아야 한다. 궁극적 물질-정신을 구별해 보며 마음챙김 명상을 수행하다보면 점점 수온, 상온, 행온이 정화됨에 따라 삼매가 길러진 평온한 마음상태에서 색온을 정화된 식온이 즉각적으로 알게 된다.[57] 이러한 즉각적 앎이 조건에 따라 통찰지로 전이된다. 통찰지의 내용은 몸과 마음에서 일어나는 대상들의 일반적 특상인 무상, 고, 무아를 꿰뚫어 보는 것이다.[58] 마음챙김 명상법은 사념처 수행을 말하는데 물질을 식별하고 그것을 토대로 일어나는 정신(수, 상, 행, 식)을 대상으로 삼을 때 물질을 식별하면 신념처, 느낌을 식별하면 수념처, 마음을 식별하면 심념처,

접촉이나 법을 식별하면 법념처이다.[59] 법은 여러 맥락에서 그 의미를 가려낼 필요가 있다. 오온의 교의의 맥락에서 법은 색온인 육경 중에 마음mano의 대상인 정신적 대상mental objects을 가리킨다. 정신적 대상의 의미로서의 법은 경험의 진실상, 개념, 관념, 최종인식 등 오문(안, 이, 비, 설, 신)의 대상 즉, 색깔, 소리, 냄새, 맛, 촉을 제외한 모든 유형의 대상들을 가리킨다.[60] 따라서 법념처 수행에는 경험의 진실상뿐만이 아니라 개념에 대한 마음챙김 명상이 포함된다. 경험의 진실상을 의미하는 구경법paramattha의 의미로서의 법Dhamma은 「대념처경」의 법념처분에 명상 주제로 열거된 것들 ─ 사성제, 12처, 칠각지 등 ─ 을 들 수 있다. 마음챙김 명상 수행은 인간이 몸과 마음 ─ 사념처의 네 가지 대상 영역으로 나눔 ─ 에서 일어나는 다양한 번뇌적 현상들을 대상으로 마음챙겨 알아차리는 마음의 기능을 발휘하여 마음을 정화시켜 평정심의 상태에서 일체 법들의 삼특상인 무상, 고, 무아를 통찰지로써 얻고자 하는 것이다.

붓다가 고성제의 맥락에서 오취온의 교의를 통해 전하고자 하는 함의를 정리하면 다음과 같다. 붓다가 설한 고통의 진리는 생명을 지닌 모든 존재에 본래적인 ─ 무상함, 고통, 무아perpetual incompleteness로 드러나는 ─ 존재의 불만족성에 있다.[61] 다섯 가지 무더기들은 끊임없이 생멸하며 변화하는 무상한 것임에도 불구하고 무명에서 벗어나지 못한 인간은 불변하는 '나'라고 취착하기 때문에 불만족에 의한 고통이 따를 수밖에 없다. 오온 자체가 고통이라는 교의의 뜻은 모든 형성된 것들은 부서지고 동일성 ― '실체the self' ― 을 유지하는 상태로 옮겨갈 수 없으므로 무상한 것은 어떤 안정된 보호를 제공해주지 못해서 두려운 것이므로 괴로운 것이니 집착하지 말라는 것이다.[62]

지금까지 정견을 의미하는 사성제 중에 고성제에 대해 알아보았다. 집성제는 고통의 일어남 혹은 원인에 대한 가르침이다. 고통의 원인은 갈애이며 근본적인 원인은 무명이다.[63] 무명이 고통의 근본적인 원인임을 말해주는 12지연기설은 마음챙김 명상 숙련자에게 중요한 공부 대상이다. 마음챙김 명상 숙련자는 물질과 정신을 식별한 뒤 그것의 조건을 조사하면서 무명으로 시작하는 12지연기법의 연결고리를 순관과 역관으로 관찰하도록 한다.[64]

멸성제와 도성제의 관계는 앞에서 언급했듯이, 도성제는 고통의 소멸로 이르는 길 혹은 수단을 말하고 멸성제는 그 결과로 얻어지는, 고통의 소멸을 말한다. 고통의 소멸은 열반을 의미하고 열반에 이르는 길은 팔정도이다. 결국 사성제는 팔정도를 닦을 것을 말하고자 하는 것이다.

지혜를 닦는 부분에 첫 번째로 속하는 정견이 사성제를 말하고 사성제는 팔정도를 닦을 것을 말하고자 한다면 정견과 팔정도의 관계에 대해 생각해 보기로 한다. 앞에서 계율, 삼매, 지혜를 닦는 측면을 포함하는 팔정도를 다루면서 계율, 삼매, 지혜를 닦는 것이 어떻게 상호보완적인 영향을 미치는지 설명하였다. 정견과 정사로 지혜를 닦는 것은 계율을 바르게 지키는 것(지계持戒)과 삼매를 계발하는 데 도움이 된다. 만물이 영원하다든가 즐거운 것이라든가 불변한다는 그릇된 견해를 타파하는 사성제(정견)로써 수행을 위한 시각을 제공하고 바른 의도(정사)로써 계율을 지키도록 영향을 미친다.[65] 계율을 바른 마음자세로 지키는 것은 마음을 안정되게 하여 삼매의 계발에 도움이 된다. 삼매의 계발은 지혜의 계발을 위해 필수적이다. 지혜의 계발에 의해 삼매도 신장된다.[66] 정견과 정사는 준비 단계에서는 개념적인 지식이나 정보 수준에 머무를 뿐 열반의 직접적인 동기인 통찰지와 같은 직접적 지각의 형태는 아니지만 팔정도의 요소들이 모두 기여하여 지계와 삼매의 계발에 의해 마음이 닦일 때 정견과 정사는 탁월한 수준에 이르게 된다. 보디 비구에 의하면 지혜를 닦는 수행이 보다 높은 단계에 도달하면 사물의 궁극적 진리를 드러내는 통찰이 생겨 준비단계의 정견과 정사는 새로운 차원을 띠게 된다.[67] 여기서 통찰은 존재를 이루는 요소들인 오온의 본성을 꿰뚫어 보기 위하여 오온을 성찰하는 데서 생긴다고 한다.[68] 모든 존재를 이루는, 조건적으로 형성된(saṅkhata, 유위) 오취온을 대상으로 마음챙겨 알아차리는 수행을 통해 해체시켜 형성되지 않은(Asaṅkhata, 무위) 열반의 경지에 이르게 되는 것이다.[69] 열반의 세계를 보는 순간 오온은 조건지어진 것이므로 만족을 줄 수 없는 고통이라는 것을 꿰뚫어 보고 사성제를 깨닫게 되고 갈애는 멈추게 된다.[70] 팔정도는 그 수단인 것이다.

2) 정사

정사正思는 바른 결심resolution 혹은 바른 의도intention를 뜻한다. 팔정도를 닦아 진리의 깨달음을 통한 고통의 종식이라는 목표를 달성하는 데 필요한 바른 마음가짐을 의미한다. 팔정도 중에서 정견과 함께 지혜를 닦는 부분에 속한다. 정견과 정사의 관계는 옳은 의도를 보장하는 것은 바른 견해라는 데 있다. 정견은 바른 의도의 목적과 이상들을 가리킨다. 정사는 정견과 도덕적 요소들 ― 정어, 정업, 정명 ― 을 연결시켜주는 역할을 한다. 바른 의도는 바른 말과 바른 행동과 바른 생계를 가능하게 한다. 행동은 의도의 목적과 이상들 즉, 바른 견해를 표현하는 수단이다. 반대로 그릇된 견해를 갖게 되면 불선한 행동들을 일으키는 그릇된 의도가 작용하게 된다. 바른 견해가 뒷받침이 된 바른 의도에 의한 행동의 도덕적 효험을 부정하고 물질적 이익과 지위로 성취를 측정하는 사람은 그 결과 고통을 겪게 된다. 끝없는 경쟁, 갈등, 부정injustice, 억압 등이 마음을 짓누를 것이기 때문이다.

보디 스님에 따르면 정견과 정사는 고통의 근본적인 원인인 탐, 진, 치라는 세 가지 불선한 뿌리를 뽑는 처방이다.[71] 정견은 탐, 진, 치 중에서 어리석음을 소멸시키는 데 필요한 수단이다.

무명의 소멸은 정견이 완전한 깨달음의 단계로 발전할 때 가능하다. 정사는 탐욕과 성냄이라는 정서적 번뇌를 물리치는 데 필요한 도이다.[72] 정견은 사성제를 이해하고 수지受持하는 것이며 정사를 닦는다는 것은 사성제의 실천을 위한 의도를 갖는 것이며 바른 의도는 도덕적 행동으로 이어지게 되어 있다.[73] 보디 비구는 정견과 정사를 닦는 법을 다음과 같이 설명한다. 사성제를 삶의 맥락에서 이해하는 것이 정견을 닦는 것이며 정견과 함께 정사를 닦을 때 고통의 원인인 갈애나 탐욕을 물리치기 위한 놓아버림의 의도를 갖게 되고 성냄을 물리치기 위한 선의와 악의 없음의 의도를 갖게 된다.[74]

놓아버림이란 마음이 대상들에 구속되는 갈애를 놓아버리는 것을 의미한다.[75] 탐욕과 고통은 떼려야 뗄 수 없는 것이다. 탐욕이 있으면 그 욕심내는 것이 주어지지 않았다는 인식이 일어나고 그것은 결핍의 고통을 의미한다. 우리는 탐욕의 대상이 영속하기를 바라지만 그것은 불가능하다. 집착의 강도에 비례해서 분리의 고통도 증가한다. 여기서 정사 즉, 바른 의도의 가르침에 담긴 중도적 의미를 파악하기 위하여 보디 스님의 지적을 생각해 볼 필요가 있다. 그는 놓아버림은 우리가 아끼는 것들을 포기하는 것이 아니라 그것들에 대한 우리의 시각을 바꿔 속박당하지 않게 되는 것을 의미한다고 한다.[76] 즉, 탐욕을 끝내는 방법은 욕망의 억압이 아니라 이해이다. 놓아버림은 행복대신 슬픔을 선택하는 것도 아니고 풍요대신 결핍을 선택하는 것도 아니다. 갈애의 포기는 거칠고 얽어매는 즐거움으로부터 진정한 행복과 평화로 옮겨가는 것이다. 고통을 낳는 조건에 예속당하는 상태에서 자기통제의 조건으로 옮겨가는 것이다. 정사를 닦을 때 생기는 포기의 의도는 행동을 정화시키고 삼매를 계발하는 데 도움이 되며 지혜의 씨앗을 키우는 양상으로 팔정도를 닦는 데 기여하게 된다.[77]

정사를 닦는 목적은 자애심의 계발이다. 자애는 다른 존재들의 안녕과 행복을 진심으로 바라면서 다른 존재들을 위한 이기심없는 사랑의 감정을 밖으로 발하는 것이다. 자애심을 계발하는 데 주된 장애물은 성냄과 악의이다. 어떻게 성냄을 물리칠 수 있는지 살펴보기로 한다. 악의의 의도나 해를 끼치겠다는 의도에서 성냄이 일어나는데 선의와 해를 끼치지 않겠다는 생각은 그러한 성냄과 악의를 물리치는 처방이다. 선의와 해를 끼치지 않겠다는 의도가 일어나게 되는 동기는, 우리 자신과 마찬가지로 다른 모든 존재들은 행복을 추구하는데 모든 존재는 고통을 받을 수밖에 없다는 것을 이해할 때 모든 존재가 모두 안녕하고 행복하며 평화롭기를 바라는 선의의 의도가 일어나고 그들이 고통받을 수밖에 없다는 생각은 모든 존재에게 해를 끼치지 않겠다는 의도가 일어나게 한다. 그러한 의도는 모든 존재가 고통으로부터 자유롭기를 바라는 자비심의 표현이다.[78] 자애는 악의를 물리치는 처방이다. 자애는 자기 자신과의 관계가 완전히 배제된 사랑이기 때문에 자신과 특별한 관계에 있는 사람에게 국한되지 않고 모든 살아있는 존재에게로 확장된다. 또한 자애는 의무 의식보다는 자발적인 따뜻함을 지닌 깊은 내적 감정이다. 따라서 자애는 노력없이 완전히 자발적으로 일어날 때 순수한 것이다. 그러므로 자애를 의도적으로 계발한다는 생각은 바르지 못한 것이다. 왜냐하면 그렇게 계발된 자애는 기계적이고 계산된 것이기 때문이다. 보디 스님은 자애를 계발하는 과정을 다음과 같이 설명한다. 처음에는 자애를 계발하는 방법을 배우고 찬찬히 닦아 자애의 감정이 생기고 마음에 자연스럽고 자발적인 성향으로 형성되는 것이다.[79] 이러한 변화는 계율 수행은 물론, 무엇보다도 명상 수행을 핵심으로 하는 삼매 수행의 도움으로 가능하다.

3) 정어

정어正語, 정업正業, 정명正命은 각각 바른 말, 바른 행동, 바른 생계를 말한다. 이 셋은 팔정도에서 계율sīla 수행에 해당한다. 빨리어 sīla(실라)는 도덕적 규율로 번역된다. 계율 수행은 마음을 정화시켜 오염원들이 우리의 행동방향을 결정하는 것을 막기 위한 것이다. 유신론적인 배경에서 계율은 신이 인간에게 복종을 요구하는 수직적 성격을 지니지만 불교의 무신론적인 배경에서는, 보디 스님에 따르면, 조화를 위한 것이다.[80] 그는 계율의 수행은 수행자가 사회적 차원에서, 개인의 심리적 차원에서, 우주적 차원에서, 그리고 성찰의 차원에서 조화를 이루게 한다고 한다.[81] 즉, 사회의 구성원들과 조화를 이루게 하고 심리적 차원에서는 마음에 조화를 가져오고 우주의 까르마의 법칙과 조화를 이루게 한다. 이러한 논점은 명상 수행을 중심으로 팔정도를 닦음으로써 일어나는 변화의 맥락에서 의미를 지닌다. 계율의 수행에 의해 준비단계에 그치던 마음의 정화가 삼매 수행에 의한 마음의 청정과 지혜 수행에 의한 통찰력의 계발에 의해 완성된다. 삼매의 계발에 의해 마음이 청정해진다는 것은 장애들을 멀리하고 평정심에 이른다는 뜻이다.[82] 앞에서 언급했듯이 팔정도를 이루는 삼학은 서로 상호보완적이다. 지혜 수행이 계율 수행에 좋은 영향을 미치고 계율 수행은 삼매의 계발에, 삼매의 계발은 지혜의 계발에 영향을 미친다. 삼학의 상호보완적인 영향에 의해 삼매와 지혜가 계발되면 계율을 자발적이고 헌신적으로 지키도록 변화가 일어나게 되는 것이다.

정어正語는 네 부분으로 나뉜다. 거짓말, 중상하는 말, 가혹한 말, 잡담을 삼가는 것이다.[83] 계율을 지키는 데 있어서 가장 중요한 계율은 거짓말을 하지 않는 것이다.[84] 수많은 생을 살아 깨달음을 얻는 동안 깨달음을 얻기 전에 수행하는 단계에 있는 보디사뜨와는 진실을 말하는 것을 제외한 모든 계율을 어길 수 있다고 한다. 진실을 말하는 계율이 중요한 이유는 진실이 결국은 깨달음의 문제이기 때문이다. 지혜는 진리의 실현을 말하고 진리는 사물의 있는 그대로의 본성을 말하므로 진리의 실현을 위해서 우리의 전 존재가 다른 사람들과 의사소통할 때도 사물의 있는 그대로의 본성에 따르는 진실을 말해야 한다는 것이다. 진실을 말하는 것은 우리의 내적 존재와 현상들의 참본성 사이가 일치하도록 하여 지혜가 생겨 현상들의 참본성을 알아내도록 한다고 한다.[85]

중상하는 말은 적을 만들고 분열을 조장하는 말이다. 그러한 말을 하는 동기는 일반적으로 혐오다. 경쟁자의 성공이나 덕을 혐오하는 것이다. 다른 사람에게 해를 가하려는 잔인한 의도나 자기 자신만 사랑을 받으려는 나쁜 욕망이나 친구들 사이가 깨지는 것을 보고 기뻐하는 사악함 같은 것이 작용할 수도 있다. 중상하는 말의 반대는 우정과 조화를 증장시키는 말이다. 그러한 말은 자애와 동정의 마음으로부터 나온다.[86] 자애는 다른 존재들의 안녕과 행복을 진심으로 바라면서 다른 존재들을 위한 이기심없는 사랑의 강한 감정을 밖으로 발하는 것이다.

4) 정업

바른 행동은 불선한 행동을 삼가는 것을 말한다. 정업의 세 가지 요소들은 불살생, 주지 않은 것을 갖지 않는 것, 불사음不邪婬이다. 불살생은 인간 존재를 죽이지 않는 것을 의미하지 않고 그 어떤 지각있는 존재를 죽이지 않는 것을 말한다. 지각있는 존재들이란 인간, 동물, 그리고 곤충을 의미한다. 식물은 지각 있는 존재로 간주되지 않는다. 식물은 충분히 발달된 의식을 가지고 있지 않다. 살생은 의도적인 살해를 의미한다. 죄를 결정하는 것은 살생의 의도이다. 일반적으로 자살 또한 위배되는 것으로 간주된다. 그러나 우발적인 살생은 생명을 파괴하겠다는 의도가 결여된 것으로 간주된다. 살생의 도덕적 비중을 좌우하는 세 가지 주요 변수는 대상, 동기, 노력이다. 대상에는 인간과 동물을 죽이는 것 중에 전자의 업이 더 무겁다. 왜냐하면 인간이 동물보다는 보다 더 도덕적 의식이 발달해 있고 영적인 잠재력도 더 크기 때문이다. 인간들 중에는 살해된 사람의 성품과 살해자와의 관계에 따라 업의 무게가 정해진다. 우월한 영적 성질들을 지닌 사람을 죽이거나 부모나 스승 같이 은혜를 베푸는 사람을 죽이는 것은 특별히 중대한 업을 짓는 행위이다. 살생의 동기또한 도덕적 비중에 영향을 미친다. 살생 행위는 탐욕, 증오 혹은 망상에 의해 비롯될 수 있는데 그 중에서 증오에 의한 살생이 가장 심각한 것이고 살생이 미리 계획된 정도에 따라 그 심각도가 증가한다. 살생을 막는 방법은 다른 존재에 대한 자애와 자비심의 계발이다. 수행자는 살생을 피할 뿐 아니라 다른 존재들에 대한 동정과 그들의 복지를 바라는 마음을 계발한다. 불살생과 다른 사람들의 복지를 바라는 마음은 팔정도 중 정사를 선의good will와 악의 없음harmlessness으로 실천하는 것에 의해 길러진다.[87]

5) 정정진

바른 노력이 도를 닦는 데 있어 기여하는 방법은 정견과 정사에 의해 선업의 에너지가 인도되고 다른 팔정도의 요소들과 함께 닦는 것이다.[88] 도의 시작은 때묻고 괴로워하고 망상에 사로잡힌 마음이지만 목표는 해방되고 정화되고 지혜에 의해 깨인 마음이다. 때묻은 마음을 해방된 마음으로 전환시키는 변화는 꾸준한 노력에 의해 가능하다. 노력이 특히 중요한 이유는 누구나 자신의 구원을 스스로 이룩해야 하기 때문이다. 그러나 정정진은 강하게 집중하거나 자신을 억제하거나 강요하거나 구속하는 식으로 힘들여 하는 것을 의미하지 않는다.[89] 정정진은 용기있는 인내와 에너지와 노력에 의해 얻을 수 있는 것을 얻을 때까지 포기하지 않겠다는 굳은 결심을 가지고 지속적으로 수행하는 것이다.[90]

붓다는 네 가지 바른 노력에 대해 설하였는데 첫째, 일어나지 않은 나쁘고 해로운 법이 일어나지 않도록 하기 위하여 의욕을 일으키고 정진하고 힘을 내고 마음을 다잡고 애를 쓴다. 둘째, 일어난 나쁘고 해로운 법들을 제거하기 위하여 의욕을 일으키고 정진하고 힘을 내고 마음을 다잡고 애를 쓴다. 셋째, 일어나지 않은 유익한 법이 일어나도록 하기 위하여 의욕을 일으키고 정진하고 힘을 내고 마음을 다잡고 애를 쓴다. 넷째, 일어난 유익한 법들을 지속하게 하고 사라지지 않게 하고 증장하게 하고 충만하게 하기 위하여 의욕을 일으키고 정진하고 힘을 내고 마음을 다잡고 애를 쓴다.[91] 네 가지 바른 노력은 간단히 말하면 단속하는 노력, 버리는 노력, 수행하는 노력, 보호하는 노력이다.[92] 유익한 법이란 탐, 진, 치의 오염원들에 의해 더럽혀지지 않은 마음 상태를 말하고 해로운 법이란 잠재해 있는 오염원들 즉, 탐, 진, 치를 말한다.[93]

　오염원들이 마음의 집중을 방해하는 한 다섯 가지 장애五蓋가 나타난다. 오장애는 감각적 욕망, 악의, 나태나 혼침, 들뜸과 불안, 의심이다.[94] 장애라고 불리는 이유는 그것들이 마음의 고요함과 통찰이 생기는 것을 방해하며 번뇌로부터의 해방의 길을 막기 때문이다.[95] 오장애 중에 감각적 욕망과 악의는 탐욕과 성냄이라는 오염원들을 각각 대신하는 것들로서 오장애 중에 가장 강력한 장애들이다. 나머지 세 가지 장애들은 망상의 부산물들로서 다른 오염원들과 결합하여 작용하는 것으로서 처음 두 가지 장애에 비하면 약하다. 감각적 욕망은 좁은 의미에서는 색, 성, 향, 미, 촉의 대상을 통한 오감의 즐거움에 대한 욕망을 가리키지만 감각적 즐거움, 부, 권력, 지위, 명성 등에 대한 갈애를 포함하기도 한다.[96] 악의는 혐오와 동의어이다. 증오, 화, 적의 그리고 모든 형태의 혐오를 가리킨다. 세 번째 장애인 나태와 혼침은 침체와 졸음을 가리킨다. 침체는 활발하지 못한 정신적 타성이다. 정신적으로 가라앉거나 마음이 무거운 것을 가리킨다. 세 번째 장애와 반대되는 극단은 네 번째 장애이다. 들뜸restlessness

과 후회이다. 이 둘은 동요라는 공통점을 지닌다. 들뜸은 동요되거나 흥분한 상태에서 마음이 이 생각 저 생각으로 빠르게 방황하게 한다. 후회는 과거의 잘못에 대한 후회와 원하지 않는 결과에 대한 근심을 말한다. 다섯 번째 장애인 의심은 무엇보다도 도의 길에 헌신하지 못하게 하는 고질적인 결단성 부족과 결심 부족을 의미한다. 원인은 붓다와 그의 교의와 그의 도의 길에 대한 계속 남아있는 의심 때문이다.

오장애를 촉발시키는 것은 감각적 경험에 의해 입력된 것들이다. 감각적 대상들은 끊임없이 우리의 감각들을 침범하고 마음에 받아들이는 정보를 교대시킨다. 그 정보는 마음에서 진행되고 가치평가가 내려지고 그에 따라 적절한 반응이 일어난다. 감각적 대상들이 해로운 상태가 일어나도록 자극하는 것은 마음을 살피지 못하여 현명하지 못한 상태에서 입력된 정보들에 부주의할 때이다. 일반적으로 오염원은 대상에 따라 활성화되어 매력적인 대상들은 욕망을 촉발시키고 마음에 들지 않는 대상들은 악의를, 그리고 확실하지 않은 대상들은 망상과 연결된 오염원들을 자극한다. 감각적으로 입력되는 것들에 자제되지 않은 반응을 하게 되면 잠재되어 있는 오염원들을 자극한다. 그것들이 일어나지 않도록 방지하기 위하여 필요한 것은 감각기능들을 제어하는 것이다. 감각기능들을 제어하는 방법은 감각을 거부하라는 것이 아니라 감각적으로 경험하는 것들을 마음챙겨 알아차리는 수행을 통해 감각의 대상들에 무분별하고 무방비 상태로 반응하여 잠재된 오염원들이 활성화되지 않도록 하는 것이다. 붓다는 감각의 제어 방법으로 감각기관과 대상이 접촉하는 지점을 마음챙기고 알아차리는 것을 권한다.[97] 도를 닦는 도정에 궁극적으로는 감각적 세계에 대한 취착이 끊어지는 것이 목표다. 이러한 설명이 원론적인 것에 그치지 않도록 실제적인 실천 방법을 살펴보기로 한다.

붓다가 제시하는 감각 제어 방법은 개념이나 표상 혹은 붉은 색, 거친 면 등의 세세한 부분상을 파악하는 것이 아니라 감각기능과 감각적 대상의 접촉을 마음챙겨 알아차림으로써 인식과정의 뿌리를 잘라버린다.[98] 감각 기관과 감각적 대상의 접촉은 번뇌가 일어나는 지점이기 때문이다. 그 접촉에 대하여 마음을 챙기지 못하면 개념이나 부분상을 파악하는 등의 인식과정이 진행되어 잠재해있는 오염원들을 자극하여 장애가 일어날 수 있다. 마음챙김은 육문인 마노와 직접적으로 연관이 있는데 오문(오관)의 기능에 육문이 수반된다.[99] 따라서 오관과 그에 상응하는 대상들의 접촉을 마음챙겨 알아차리는 수행에 의해 번뇌가 미처 일어나지 않도록 감각을 제어하는 효과를 가져온다. 다시 말하면, 마음챙김 명상은 마음을 직접적으로 지각되는 수준에 머물도록 함으로써 장애들이 일어나지 않도록 한다. 마음챙김 명상은 마음이 경험에 주어진 것에다가 탐, 진, 치에서 비롯되는 관념들을 덧씌우지 못하도록 하여 감각자료를 직접적으로 지각하도록 한다. 그러한 성격의 지각을 가능하게 하는 마음챙김은 "맨주의bare attention"로 묘사될 수 있다.[100] 맨주의는 아직 지혜가 난 상태는 아니지만 지혜의 계발을 위한 발판이라고 할 수 있다. 마음챙김 뿐만이 아니라 알아차림을 핵심 기법으로 하는 마음챙김 명상에 의해 통찰지가 계발된다.[101] 통찰지를 얻었다는 것은 번뇌를 일으키는 감각의 대상들에 대한 염오를 체험하고 감각 세계에 대한 취착이 끊어짐을 의미한다. 바른 노력에 의해 감각을 제어함으로써 오장애를 극복하고 삼매를 길러 통찰지의 계발에 이어지도록 하는 주효한 방법은 마음챙김 명상이다. 다음으로 바른 마음챙김 명상(정념)에 대해 알아보기로 한다.

6) 정념

정념正念은 바른 마음챙김 명상을 말한다. 마음챙김sati, mindfulness은 한자어로 염念으로 번역된다. 팔정도의 체계를 보면 바른 마음챙김 명상(정념)은 바른 노력(정정진)과 바른 삼매(정정) 사이에 소개된다. 즉, 정념은 삼학 — 계율, 삼매, 지혜 — 중에 삼매를 닦는 부분에 속한다. 이것은 바른 삼매는 바른 마음챙김 명상을 통해 계발되어야 한다는 것을 의미한다.[102] 붓다의 명상법이 통찰지의 계발을 목표로 하는 위빠사나 명상이라고 생각한다면 위빠사나 명상에 의해 삼매가 계발된다는 추론에 이를 때 의문이 생길 것이다. 위빠사나 수행에 의해서도 유익한 마음이 통일된 하나됨의 경지인 삼매가 길러지는데 위빠사나 수행에 의해 길러지는 삼매를 '찰나 삼매'라고 부른다.[103] 찰나 삼매의 문제는 바른 마음챙김 명상에 의해 바른 삼매에 이른다는 본 절에서의 주된 논의 주제의 핵심이 아니다. 왜냐하면 앞서 2장 2절에서 언급했듯이 붓다의 명상법은 사마타의 측면과 위빠사나의 측면을 모두 포함하며 그와 같은 두 측면을 지닌 마음챙김 명상에 의해 바른 삼매가 길러진다는 문제를 다루고자 하기 때문이다.

붓다는 「삼매경」[104]에서 사마타와 위빠사나를 모두 닦는 것을 바람직한 것으로 설하며 이 둘을 계발하기 위하여 마음챙김과 알아차림을 닦으라고 가르친다. 사마타와 위빠사나는 공통적으로 마음챙김과 알아차림을 닦는 것이다. 이러한 저자의 견해를 뒷받침하는 내용을 맛지마 니까야의 「바야베라와경」에서 찾아볼 수 있다. 마음챙김과 알아차림을 통해 바른 삼매인 4선정에 도달한다는 것이다.[105] 따라서 사마타는 마음챙김을 닦는 것으로, 위빠사나는 알아차림을 닦는 것으로 생각하는 것은 바람직하지 않다. 정리하면, 팔정도의 맥락에서 바른 삼매는 사마타와 위빠사나의 측면을 포함하는 마음챙김 명상을 통해 길러지는 것이 바람직하며 수행기법은 마음챙김과 알아차림이다.

이제 마음챙김 명상의 사마타 수행법에 대해 고찰하기로 한다. 호흡에 대한 마음챙김 명상은 대표적인 사마타 수행법이다.

「대념처경」과 「안반수의경」에 다음과 같은 구절이 나온다.

마음챙겨 숨을 들이쉬고 마음챙겨 숨을 내쉰다. 길게 들이쉬면서 길게 들이쉰다고 꿰뚫어 알고, 길게 내쉬면서 길게 내쉰다고 꿰뚫어 안다. 짧게 들이쉬면서 짧게 들이쉰다고 꿰뚫어 알고 짧게 내쉬면서 짧게 내쉰다고 꿰뚫어 안다. 온몸을 경험하면서 들이쉬리라며 공부 짓고 온몸을 경험하면서 내쉬리라며 공부짓는다. 몸의 작용(신행)을 편안히 하면서 들이쉬리라며 공부짓고 신행을 편안히 하면서 내쉬리라며 공부짓는다.

위의 인용문에 나타나는 마음챙김 명상법은 내용적으로는 위빠사나 수행의 측면도 포함하지만 사마타 수행법에 해당한다.[106] 사마타 수행법의 특징을 이해하는 데 앙굿따라 니까야의 「삼매경」에 나오는 다음과 같은 내용이 도움이 된다. "어떻게 마음을 하나에 고정시켜야 합니까? 어떻게 마음을 안정시켜야 합니까? 어떻게 마음을 하나가 되게 해야 합니까? 어떻게 마음이 삼매에 들게 해야 합니까?" 사마타 수행법은 마음을 호흡과 같은 하나의 대상이나 대상 영역 ― 신, 수, 심, 법 ― 에 고정시켜 마음을 안정되게 하여 정신통일cittekagattā을 이룩하는 것이다.[107] 위의 인용문에 나오는 내용이 사마타 수행에 해당하는 이유는 호흡이라는 하나의 대상에 마음을 고정시켜 마음챙김과 알아차림을 수행하기 때문이다. 붓다 이전에 존재했던 요가적 명상의 사마타 수행과는 다른 의미의 사마타 수행이다. 요가적 사마타 수행의 경우 '호흡'이라는 표상 혹은 개념에 집중하는 것을 닦는 반면 마음챙김 명상의 사마타 수행은 호흡이 경험 되는 그대로 느낌으로 알아차리는 것을 닦는 것이다. 여기서 느낌은, 보디 스님이 설명하듯, 호흡이 경험되는 촉감touch sensation을 가리킨다.[108] 타니싸로 스님은 호흡의 감각sensation of breathing이라는 표현을 쓴다.[109] 결론적으로, 마음챙김 명상에 포함된 사마타 수행은 호흡이라는 표상이나 개념에 집중하는 것이 아니라 하나의 대상을 정해놓고 마음챙김과 알아차림을 수행하여 삼매를 기르기 위한 것이라는 의미이다. 마음챙김과 알아차림의 대상은 경험되는 그대로의 느낌이다.

마음챙김 명상 체계를 말하는 사념처 수행의 맥락에서 사마타 수행과 위빠사나 수행의 측면에 대해 알아보기로 한다. 마음챙김 명상 체계는 네 가지 마음챙김의 확립 즉, 사념처 수행으로 설명된다. 붓다의 명상법에서 사념처 수행이 지니는 의미 혹은 중요성은 사념처 수행이 열반에 이르는 유일한 길이라는 붓다의 가르침에 나타난다. 「대념처경」에 붓다는 "비구들이여, 이 도는 유일한 길이니, 중생들의 청정을 위하고, 근심과 탄식을 건너기 위한 것이며, 육체적 고통과 정신적 고통을 사라지게 하고, 옳은 도를 터득하고, 열반을 실현하기 위한 것이다"라고 설한다.[110] 사념처 수행의 맥락에서 마음챙김 명상의 두 측면인 사마타와 위빠사나 수행을 고찰하기로 하는데 먼저 사마타의 측면을 고찰할 것이다. 사념처는 몸(신), 느낌(수), 마음(심), 정신적 대상(법)이라는 마음챙김의 네 가지 토대 혹은 대상 영역을 말한다.[111] 사념처 수행은 이 네 가지 대상들에 대해 마음챙김과 알아차림을 수행하여 마음챙김이 굳건히 확립이 되게 하는 수행이다. 마음챙김이 확립된다는 것은 삼매의 상태에서 마음이 하나됨과 흩어지지 않음을 아는 것을 의미한다. 즉, 마음챙김에 의한 삼매와 지혜가 있음을 말한다.

사념처 수행에서 사마타 수행은 네 가지 대상 영역에서 각각 이루어진다. 대표적인 사마타 수행은 호흡에 대해 마음챙김과 알아차림을 닦는 것이다. 호흡에 대한 수행은 신념처에 포함된다. 사념처의 영역에서도 각각 사마타 수행을 할 수 있다. 그러나 실제 수행을 할 때는 일반적으로 호흡에 대한 마음챙김 수행부터 시작해서 신념처 수행으로 이어지게 된다. 수행에 탄력이 생기면 수념처와 심념처로 확대되며 수행이 높은 수준에 달하면 법념처로 확대될 수 있다. 이 맥락에서 지적할 것은 마음챙김 명상은 대상에의 몰입을 추구하는 요가적 사마타 수행과 다르게 대상과 마음의 관계를 유지하면서 마음챙김과 알아차림을 수행하여 삼매를 길러 청정한 마음 상태에서 위빠사나 수행을 하여 직접적인 통찰지를 얻는 것을 목표로 한다. 즉, 삼매는 통찰지를 얻기 위한 위빠사나 수행을 위해 필수적이다.

위빠사나 수행은 붓다의 명상법에만 있는 고유한 것이다. 붓다가 통찰지의 터득을 목표로 하는 위빠사나 수행을 창안한 동기를 살펴보기로 한다. 붓다는 출가 후 요가 수행자들을 찾아가 요가적 사마타 수행을 통해 최고의 선정 상태를 체험한 것으로 전해진다. 그러나 그는 그러한 선정 상태는 고통의 종식을 가져올 수 없으며 고통의 종식은 무명 ― 지혜의 결여 ― 을 타파하는 지혜에 의해 가능하다고 판단하여 새로운 명상법을 시도하게 된 것이다. 그것이 위빠사나 명상이다. 그는 스승들로부터 배운, 표상에 집중하여 삼매에 이르는 것을 목표로 하는 요가적 사마타 명상은 번뇌를 억누르게 되므로 번뇌의 뿌리인 오염원을 소멸시킬 수 없다고 생각하였다. 위빠사나 수행은 번뇌를 억누르기보다는 몸과 마음에서 일어나는 번뇌들을 대상으로 객관화시켜 경험되는대로 알아차리는 수행이다. 그럼으로써 모든 조건지어진 형성물들이 이치대로 일어나는대로 그 연기의 실상을 무상, 고, 무아로 통찰지로써 터득하기 위한 것이다.[112]

위빠사나 수행의 구체적인 방법을 살펴보기로 한다. 마음챙김 명상을 할 때 먼저 호흡에 대한 마음챙김 수행으로 시작하는 사마타 수행에 의해 삼매가 길러지면 자연스럽게 위빠사나 수행으로 넘어가게 된다. 마음챙김과 함께 알아차림을 수행하기 때문이라고 생각된다. 사마타 수행이 마음을 하나의 대상에 고정시켜 마음챙기고 알아차림으로써 안으로 고요한 삼매를 기르는 수행이라면 위빠사나 수행은 대상들을 밖으로 관찰하는 수행이다.[113] 하나의 대상이나 대상 영역을 정하여 마음을 고정시키고 마음챙김과 알아차림을 수행하는 사마타 수행은 마음이 안으로 침잠하며 고요해지는 삼매의 계발로 이어지지만 위빠사나 수행은 일어나고 사라지는 대상들을 관찰함으로써 통찰지의 계발에 이르게 한다. 마음챙김 명상의 위빠사나 수행에 탄력이 붙으면 몸과 마음에서 대상들이 일어나고 사라지는대로 관찰하게 된다. 위빠사나 수행은 사마타 수행에 의해 길러진 집중력을 바탕으로 일어나고 사라지는 것들을 무상한 그대로 보고 명상하고 깊게 관찰하여 궁극적으로 법들의 일반적 특상인 무상, 고, 무아를 통찰지로써 꿰뚫는 것이다.[114] 꿰뚫는다는 것은 도를 닦아 번뇌를 꿰뚫어 열반을 성취하는 것을 의미한다.[115]

저자는 이 맥락에서 통찰지의 터득에 밑거름이 되는 마음의 정화 문제를 다루고자 한다. 마음의 정화는 사마타에 의해 가능한 것으로 간주되는데 저자는 사마타와 위빠사나에 의한 것이라고 생각한다.[116] 마음의 정화는 탐, 진, 치라는 오염원이 제거되고 번뇌가 일어나지 않는 것을 말한다. 삼매 상태에서 번뇌가 일어나지 않는 것은 번뇌를 억누르는 것이다. 한편, 위빠사나 수행을 할 때 번뇌가 사라짐을 체험한다. 이 때 번뇌의 사라짐은 법의 무상한 본성에 기인하는 것으로 설명될 수 있다. 그러나 위빠사나 수행이 삼매의 힘의 지원을 받을 때 번뇌를 보면 번뇌가 사라진다. 붓다는 「무위법경」에서 탐, 진, 치의 소멸을 가져오는 사마타와 위빠사나가 열반에 이르는 길이라고 설한다.[117] 따라서 번뇌의 소멸을 의미하는 마음의 정화는 사마타의 힘의 지원을 받은 위빠사나 수행에 의해 가능하다고 생각한다. 브롱크호어스트J. Bronkhorst는 삼매의 한계를 지적하면서 통찰지에 의해 행saskāra 혹은 업이 소멸되는 것을 강조한다.[118]

사념처 수행의 맥락에서 마음챙김 명상의 사마타 수행을 다룰 때 마음챙김 명상의 사마타 수행의 특징이 표상이나 개념에 집중하는 것이 아니라 신, 수, 심, 법이라는 네 가지 대상 영역에서 일어나는 것들을 '경험 되는대로 느낌'으로 알아차리는 것이라는 점을 강조하고자 한다. 그리고 사념처 수행에는 대상들이 일어나고 사라지는대로 '따라 관찰'하는 수관隨觀이 포함되어 있다.[119] '경험 되는대로 느낌으로'라는 저자의 표현의 의미를 이해하는 데 보디 스님의 설명이 도움이 된다. 그는 느낌은 의식과 분리할 수 없는 부수물concomitant이라고 하며 감정이 아닌, 정서적 자극affective tone이라고 한다.[120] 마음챙김 명상에서 알아차려지는 직접적인 대상은 그러한 원초적 느낌이다. 보디 스님은 느낌을 경험의 본성을 이해하기 위한 디딤대springboard라고 한다.[121] 몸과 마음에서 일어나는 번뇌들을 대상으로 마음챙겨 알아차리는 수행을 진행함에 따라 거친 대상들이 사라지고 나면 미세한 대상들이 나타나게 된다. 마음챙김 명상에 의해 삼매가 길러져 마음이 청정해짐에 따라 의식에 수반되는 느낌은 번뇌의 성격을 띠다가 청정하고 중립적이며 출세간적인 느낌으로 전환되어 법의 세계를 경험하게 되는 것이다.[122]

사념처 수행에는 신, 수, 심, 법이라는 네 가지 대상 영역에서 일어나는 것들을 '따라 관찰'하는 수관이 포함된다. 사념처 수행에 포함된 수관은 사마타 수행과 위빠사나 수행을 병행하는 수행법이다. 붓다는 「대념처경」에서 마음챙김의 네 가지 토대인 신념처, 수념처, 심념처, 법념처를 각각 수관이라는 용어를 써서 몸, 느낌, 마음, 정신적 대상 영역에서 일어나고 머물고 사라지는대로 흐름을 '따라 관찰隨觀'하라고 설한다.[123] 수관에 의해 개별적 번뇌를 대상으로 알아차리는 수행을 넘어서 대상과 마음챙겨 알아차리는 마음의 관계 속에서 경험의 장에 초점을 맞춰 마음이 불선한 뿌리인 탐, 진, 치와 관련되어 있는지 아니면 이로부터 자유로운지 살피고 순간순간의 개별적 의식적 행위를 관하는, 보다 성숙하고 예리한 단계의 수행으로 발전하게 된다. 이것은 위빠사나 수행이 성숙한 단계이다.[124] 그러나 사념처 중 하나의 대상(영역)을 정하여 수행을 한다는 점에서 사마타 수행이다. 따라서 수관은 마음챙김 명상의 수행법들 — 사마타와 위빠사나, 마음챙김과 알아차림 — 이 상호보완적으로 유기적으로 이루어지도록 연결고리 같은 역할을 한다. 수행자의 성향이나 그때 그때의 필요에 의해 사마타 수행과 위빠사나 수행의 균형을 유지할 수 있다.

지금까지의 논의를 정리하면, 사념처 수행체계로 설명되는 마음챙김 명상은 사마타와 위빠사나의 측면을 지니며 두 가지 모두 공통적으로 마음챙김과 알아차림을 수행하는 것이다. 사념처의 영역 각각에서 하나의 대상(영역)에 마음을 고정시키는 사마타 수행을 통해 삼매가 길러지면 나타나는 대상을 관찰하는 위빠사나 수행으로 자연스럽게 전이되게 된다. 사마타와 위빠사나, 그리고 마음챙김과 알아차림이 유기적으로 이루어지는 수행법이 수관이다.

이제 바른 마음챙김 명상이 삼매를 닦는 부분에 속한 이유는 무엇일까하는 의문에 대한 해답을 찾고자 한다. 삼학을 닦는 체계로 이루어진 팔정도의 목적은 고통으로부터의 해방 즉, 열반이다. 열반 성취의 직접적 계기는 보다 높은 수준의 지혜 즉, 반야paññā이다.[125] 그런데 위빠사나 수행에 의한 통찰지의 계발을 위해 삼매의 계발은 필수적이다. 하나의 대상을 정하여 마음챙겨 알아차리는 사마타 수행에 의해 삼매를 계발하고 이를 토대로 위빠사나 수행에 의해 반야의 지혜를 얻음으로써 열반에 이르는 길인 팔정도는 완성된다. 마음챙김 명상이 삼매를 닦는 부분에 속한 이유는 팔정도의 완성을 의미하며 열반의 성취를 가져오는 반야의 지혜는 이욕을 가능케 하는 삼매의 힘에 의한 것임을 함축하기 위한 것이라고 생각된다.

7) 정정

정정正定은 바른 삼매를 의미한다. 삼매는 마음의 하나됨cittekag-gatā, 心一境性의 상태이다.[126] 『아비담마 길라잡이』에는 유익한 마음이 '한 끝으로 집중된' 상태라고 나오는데[127] 한 끝으로 집중된 상태란 마음이 통일된 상태로 이해된다.[128] 여러 대상을 알아차려도 집중은 흐트러지지 않는 것이 팽이에 비유될 수 있다. 여기서 마음의 통일이란 마음에 수반되는 여러 부수적인 마음작용들(마음부수들)이 잦아들어 마음이 통일된 것을 말한다.[129]

경장의 여러 경들 ―「바야베라와경」(MN 4), 「삼매경」(AN 4:92~94) 등 ― 에 바른 삼매는 바른 마음챙김 명상(정념)에 의해 도달된다고 나타난다. 마음챙김 명상은 사마타止 수행의 측면과 위빠사나觀 수행의 측면을 포함한다.[130] 사마타 수행으로 집중 즉, 삼매를 기르고 위빠사나 수행으로 통찰지를 얻는다. 사마타는 마음이 하나의 대상에 집중되어 마음의 떨림이나 동요가 가라앉았고 끝이 났기 때문에 사마타라고 불린다. 삼매는 일반적으로 사마타 수행에 의해 길러진다. 그렇다면 바른 삼매에 이르는 길은 무엇인가에 대한 의문이 들 것이다. 바른 삼매는 마음챙김 명상에 포함된 사마타 수행에 의해서 길러지는 것인가? 먼저 바른 삼매에 대해 알아보고 바른 삼매를 계발하는 방법에 대해 알아보기로 한다.

팔정도의 맥락에서 붓다가 의미하는 바른 삼매는 색계 4선정, 무색계 4선정, 그리고 위빠사나 수행에 의해 길러지는 찰나 삼매

를 가리킨다. 선정은 빨리어 jhāna로 표현되는데 깊은 수준의 고요
한 마음 상태를 말한다.[131] 경장의 「바야베라와경」(MN 4)에 바른
삼매를 나타내는 4선정에 대한 내용이 다음과 같이 나타난다.[132]

바라문이여 그런(어리석음의 본성을 초월한 자로서 불굴의 정진이 생
겼고, 마음챙김이 확립되어 잊어버림이 없었으며 몸이 경안하여 교란하
지 않았고, 마음이 집중되어 일념이 된) 나는 감각적 욕망을 완전히 떨
쳐버리고 해로운 법들을 떨쳐버린 뒤 일으킨 생각(尋)과 지속적 고찰
(伺)이 있고 떨쳐버렸음에서 생긴 희열(喜)과 행복(樂)이 있는 초선
을 구족하여 머물렀습니다.

시초의 마음 기울임(일으킨 생각)과 지속되는 마음기울임(지속적 고
찰)이 잦아드는 것과 더불어, 내면적 확신과 정신통일을 얻게 되면서
집중에서 생겨난 희열과 행복으로 충만한 제2선을 구족하여 머문다.

희열이 식어듦과 더불어 마음챙겨 알아차리면서 평온하게 머문
다. 고귀한 분들이 '평온하고 마음챙긴 그는 행복하게 머문다'고 말
한 그대로의 더없는 행복을 본인 자신이 몸으로 경험한다. 이렇게 제
3선을 구족하여 머문다.

행복과 괴로움을 버림과 더불어 그 이전에 기쁨과 슬픔이 사라짐
과 더불어 4선에 들어 머문다. 그것은 즐거움도 아니고 괴로움도 아
님과 평온에 기인하는 마음챙김의 청정함을 지니는 제4선을 구족하
여 머문다.[133]

앞의 인용문에도 나타나듯, 선정의 구성요소는 일으킨 생각$^{vi-takka}$, 지속적 고찰^{vicāra}, 희열^{pīti}, 행복^{sukha}, 평온^{upekkha}이다.[134] 일으킨 생각으로 마음이 달아나는데 제2선二禪은 그러한 일으킨 생각과 일으킨 생각보다 더 미세한 작용인 지속적 고찰이 가라앉고, 삼매에서 생긴 마음의 느낌인 희열과 몸의 느낌인 행복이 있는 상태이다. 일으킨 생각과 지속적 고찰은 말의 작용口行으로 간주되는데 이것은 미혹된 생각이라고 이해된다.[135] 3선은 희열을 넘어 평온해지고 몸으로 행복을 느끼는 상태이다. 제 4선은 행복도 괴로움도 버리고 평온으로 인해 마음이 청정한 상태이다.

「공에 대한 짧은 경」(MN 121)에 무색계 선정의 네 단계가 나타난다. 무색계 선정은 물질에 대한 인식을 완전히 초월한 경지이다.[136] 무색계 4선정의 단계들은 공무변처정, 식무변처정, 무소유처정, 비상비비상처정인데 이 경계들은 보다 거친 것에 대한 인식에서 보다 미세한 것에 대한 인식으로의 전이 과정이라고 할 수 있다. 물질은 거친 것이고 정신적인 것은 미세한 것이다. 공무변처정은 물질에 대한 인식을 완전히 초월하여 '무한한 허공'에 대한 인식을 마음에 잡도리하는 상태이다.[137] 공空의 의미의 이해를 돕기 위해「공에 대한 짧은 경」(MN 121)에 나오는 예를 들기로 한다. 붓다는 숲에 있을 때 숲에 대한 인식만이 있으며 어제 본 마을에 대한 인식으로 인한 번잡함이 없을 때 '숲에 대한 인식은 마을이라는 인식이 없다(공하다)'라고 표현하였다.[138]

식무변처정은 '무한한 허공'의 공무변처를 완전히 초월하여 '무한한 인식'만을 마음에 잡도리하는 상태이다. 공에 대한 인식에서 인식 자체를 말한다. 공에 대한 인식에서 공보다는 인식이 더 미세한 명상 주제이다. 점점 더 깊은 삼매의 경지에 들도록 정진하지 않으면 번뇌가 다시 마음에 들 것이다. 무소유처정은 '무한한 인식'의 식무변처를 완전히 초월하여 무한한 인식도 없는, '아무것도 없다'라고 마음에 잡도리하는 상태이다. 비상비비상처는 '아무것도 없음'의 무소유처를 완전히 초월하여 '인식이 있는 것도 아니고 없는 것도 아님'을 마음에 잡도리하는 상태이다. 이것은 있음과 없음을 넘어선 평정심이 있는 상태를 말한다.

「공에 대한 짧은 경」에는 각 명상 주제 — 즉, 공, 식, 무, 비상비비상 — 에 대한 인식으로 인한 번잡함을 넘어 어떤 인식이나 표상으로 인한 번잡함도 없이, 오직 생명을 조건으로 하고, 몸을 의지하는 여섯 가지 감각장소와 관련된 번잡함만이 있는 마음의 삼매에 도달하는 과정이 묘사된다.[139] 비상비비상처정을 넘어서 생명으로 인한 그리고 몸을 의지하는 여섯 가지 감각장소로 인한 번잡함이란 인식이나 표상이라는 조건이 아닌 실존적 조건을 말한다고 이해된다. 어떤 표상이 없는 마음의 삼매란 개념이나 표상을 통하지 않은 직접적인 지각이 가능한 삼매로 이해된다. 주석서에는 위빠사나에 의해 길러진 삼매를 말한다고 되어 있는데 이것은 위빠사나의 통찰은 표상을 통하지 않은 꿰뚫어봄이라는 것이다.[140] 색계, 무색계 선정의 단계들을 고찰함으로써 삼매가 깊어질수록 진정한 위빠사나 수행이 가능해진다는 것을 알 수 있다. 그렇게 삼매의 힘의 지원을 받아 위빠사나 수행에 의해 통찰지를 얻음으로써 번뇌의 근본 뿌리인 무명을 잘라버릴 수 있게 되는 것이다.

여기서 삼매 상태에서 깨달음에 이르기 위해서는 중도를 계발하는 것이 필수적이라는 점을 강조하고자 한다. 색계 4선정의 상태나 무색계 4선정의 상태나 선정의 요소인 평온이 있는 상태이다. 평온은 중도의 터득에 필수적인 마음상태이다. 붓다는 중도는 안목을 만들고 지혜를 만들고 고요함과 최상의 지혜와 바른 깨달음과 열반으로 인도한다고 하였다.[141] 붓다는 깨달음으로 이끄는 중도란 바로 여덟 가지 바른 길 즉, 팔정도라고 하였다.[142] 지금까지는 다른 대상들을 배제하고 마음을 하나의 대상에 고정시키는 사마타 수행에 의해 길러지는 바른 삼매로서의 선정에 대해 살펴보았다. 다음은 마음챙김 명상의 위빠사나 수행에 의해 길러지는 삼매에 대해 알아보기로 한다.

위빠사나 수행에 의해 도달하는 삼매는 다양한 현상들을 관심 영역에서 의도적으로 배제하려 들지 않고 몸과 마음에 주의를 기울여 변하고 있는 상태를 순간순간 주시觀하다 보면 집중력이 강화되어 마침내는 끊임없이 변하고 있는 사건의 흐름을 탄 채 정신통일이 일어나는 경지인 찰나 삼매khaṇika-samādhi에 들게 된다.[143]

이 경우 대상이 아무리 변해도 정신통일은 굳건히 유지된다. 이러한 종류의 집중은 위빠사나 수행에 의해 길러지는 삼매이다.

지금까지 마음챙김 명상의 사마타 수행에 의해 길러지는 색계, 무색계 4선정과 위빠사나 수행에 의해 길러지는 찰나 삼매를 살펴보았다. 개개인의 기질에 따라 사마타 수행과 위빠사나 수행을 어떻게 조화롭게 닦을지가 결정된다. 그러나 그날그날의 신체적·정신적 조건에 따라 혹은 상황에 따라 어떻게 닦아야 바람직한지 그 균형을 통찰하는 것이 관건이다.

8) 팔정도를 어떻게 닦을 것인가에 대한 통찰

우리는, 보디 스님이 지적하듯, 우리의 경험의 영역을 꿰뚫어 보는 통찰 명상(위빠사나)을 수행하기 전에는 경험 속에 매몰되어 번뇌로 인해 괴로워하고 있다.[144] 그 맹목성 때문에 미혹되어 붓다가 꿰뚫어 본 세 가지 특상들 즉, 무상, 고, 무아에 위배되는 관념들 즉, 영속성, 즐거움, 자아를 붙잡고 살고 있다. 모든 형성된 것들은 끊임없이 변화를 겪는데 영속하다는 미망에 빠지고 변화하는 것들에 대해 집착하면 돌아오는 것은 불만족일 수밖에 없는데 즐겁다는 미망에 빠지고 모든 존재는 연기법에 의한 다섯 가지 무더기들의 화합에 불과한데 자아라는 미망에 빠져 산다. 붓다의 마음챙김 명상은 우리의 몸과 마음이라는 경험의 영역에 주의를 기울여 번뇌를 대상으로 객관화시켜 마음챙겨 알아차리는 수행을 통해 있는 그대로의 법을 꿰뚫어 봄으로써 무명으로부터 벗어나 고통으로부터 자유로워지는 길이다. 그러한 통찰지를 얻는 것은 팔정도의 완성이다. 문제는 그러한 통찰지를 얻기까지 팔정도를 어떻게 닦을 것인가이다. 본 절의 서두에 바와나란 팔정도를 어떻게 닦을 것인가에 대한 통찰이라고 하였다. 팔정도에 대한 설명을 마무리하면서 팔정도를 어떻게 닦을 것인가에 대한 저자 나름의 통찰을 보디 스님의 설명을 토대로 간략히 정리하기로 한다.

팔정도는 삼학 ─ 계율, 삼매, 지혜 ─ 를 닦는 구조로 되어 있다.[145] 계율을 지키는 것이 가장 기초적이고 실천하기 수월한 점이 있으며 계율을 지키는 것이 삼매를 닦기 위한 준비단계에 해당하고 삼매를 닦는 것이 통찰지를 목적으로 하는 지혜를 닦는 데 선행 조건이다. 그러나 반드시 계율, 삼매, 지혜의 순서로 닦으라는 것을 의미하지 않는다. 도를 닦고자 뜻이 서면 먼저 모든 무상한 것들이 인간에게 지니는 괴로움의 의미와 모든 형성된 것들은 조건에 따라 변화를 겪는 것일 뿐 불변하는 것이 아니라는 바른 견해(정견)를 갖고 마음가짐(정사)을 바르게 하여 계율을 자발적으로 지키고 통찰지의 계발에 선행되는 집중(삼매)을 기르기 위한 노력의 의지가 생기도록 한다. 궁극적 깨달음을 얻어 해탈하기까지의 긴 도정에 계율 수행, 삼매 수행, 지혜 수행, 이 세 가지는 의자의 다리와 같아서 서로 상호 보완적인 관계에 있다. 삼매를 닦는 것과 지혜를 닦는 것은 사마타 수행과 위빠사나 수행의 문제로 귀결된다. 결국 팔정도를 어떻게 닦을 것인가의 문제는 계율 수행과 마음챙김 명상의 사마타 수행과 위빠사나 수행을 병행해서 닦는 문제이다. 정견과 정사로 이루어진 혜학 ― 지혜를 닦는 부분 ― 은 통찰지를 얻기 전 단계에는 개념paññatti 수준에 머물지만 사마타와 위빠사나를 병행해서 수행함으로써 바른 통찰지paññā를 얻게 되면 구경법paramattha 즉, 진리를 아는 단계에 이르게 된다.[146]

사마타와 위빠사나를 병행해서 닦는 문제에 대해서는 정해진 도식이 없다. 먼저 경장인 앙굿따라 니까야의 「삼매경」에 나오는 사마타 수행과 위빠사나 수행을 병행해서 닦는 것에 대한 내용을 살펴보기로 한다.[147]

비구들이여 세상에는 네 부류의 사람이 있다. 무엇이 넷인가? 비구들이여 여기 어떤 사람은 안으로 마음의 사마타(止)는 얻었지만 위빠사나(觀)의 높은 통찰지는 얻지 못했다. 비구들이여, 그러나 여기 어떤 사람은 위빠사나의 높은 통찰지는 얻었지만 안으로 마음의 사마타는 얻지 못했다. 비구들이여 그러나 여기 어떤 사람은 안으로 마음의 사마타도 얻지 못했고 위빠사나의 높은 통찰지도 얻지 못했다. 비구들이여 그러나 여기 어떤 사람은 안으로 마음의 사마타도 얻었고 위빠사나의 높은 통찰지도 얻었다.

앞의 인용문을 보면 사마타를 먼저 닦는 것이 좋은지 아니면 위빠사나를 먼저 닦는 것이 좋은지에 대한 설명이 나오지 않는다. 그러나 삼매를 계발하는 사마타와 통찰지를 계발하는 위빠사나 수행 중에 어떤 것을 먼저 닦을지는 개인의 기질이나 조건지어진 상황에 따라 다를 수 있다고 생각한다. 전생의 업에 의해 결정되는 기질이나 출가자인가 생계유지를 위해 세속적 삶을 사는 재가자인가에 따라서 적합한 수행이 다를 수 있다. 은둔생활이 가능한 경우 출가자는 삼매를 계발하는 사마타 수행에 전념해도 무리가 따르지 않지만 번잡한 세속적 삶을 사는 경우 사마타 수행에 치중하면 주변의 환경적 요소와의 충돌이 불가피하다. 마음챙김과 알아차림의 대상 영역을 정하지 않고 일어나는대로 관하는 위빠사나 수행은 세속적 삶을 사는 재가자들에게 필요하기도 하고 적합한 수행이라고 생각한다. 번잡한 삶 속에서도 번뇌를 대상으로 마음챙겨 알아차리는 위빠사나 수행에 의해서 마음이 보호되며 마음의 안정을 유지할 수 있다. 사마타 수행과 위빠사나 수행을 균형잡히게 닦는 문제에 있어서 유동성을 인정하는 것은 오력의 가르침에 비춰볼 때도 타당하다고 생각된다. 오력은 믿음, 정진, 지혜, 삼매, 마음챙김이다. 그런데 오력을 균형잡히게 하는 비결은 마음챙김에 있다고 한다.[148]

도를 닦는 도정에 가장 중요한 것은 세상사에 대한 욕심이나 수행에 있어 진전이나 깨달음에 대한 욕심 없이 그날그날, 순간순간 닦는 데 충실한 자세이다. 그것은 바른 의도(정사)와 바른 노력(정정진)의 문제이다.「대념처경」을 보면 욕심을 내려놓는 것은 사념처 수행에서 필수적인 마음자세라는 점을 발견할 수 있다. 사념처 수행에 대한 가르침에서 붓다는 "세상에 대한 욕심과 싫어하는 마음을 버리면서 근면하게" 수행하라고 설한다.[149] 욕심을 내려놓고 정진하는 노력이 성숙되어 아무 것도 인위적으로 하지 않는 무위법을 닦는 수준에 이를 때 중도의 터득과 함께 통찰지가 습득될 것이다. 수행방법에 따라 깨달음의 내용도 다르다. 위빠사나 수행에 의한 통찰지의 내용은 연기에 의해 형성되는 법들의 특상인 무상, 고, 무아의 깨달음이다. 사마타적 삼매의 힘이 강한 경우 깨달음의 순간은 흔히 자아의 죽음으로 다가온다. 자아라는 관념을 지탱하는 모든 의식작용이 무너지는 순간은 죽음의 경험으로 다가오기 때문이다.[150] 붓다의 명상법이 위빠사나 명상으로 알려지면서 붓다의 명상법의 사마타의 측면이 간과된 점이 없지 않다. 그런데 마음챙김을 시작으로 조사(택법각지), 정진, 희열, 경안(고요), 삼매, 평온이 순서대로 계발되는 칠각지(깨달음의 일곱 가지 요소)의 교의를 고려할 때 개오의 요인으로 삼매의 힘을 주목할 필요가 있다.[151]

3. 사마타와 위빠사나

사마타는 본 저서에서 반복해서 거론되는 주제이다. 그럼에도 불구하고 본 절이 따로 마련된 이유는 사마타와 위빠사나는 마음챙김 명상과 관련하여 많은 논란의 여지가 있기 때문이다. 마음챙김, 사마타, 위빠사나라는 키워드에 대한 명확한 설명이 필요하다고 생각된다. 세 키워드를 둘러싼 논란들의 예를 열거해 보면, 팔정도의 맥락에서 바른 삼매正定를 닦기 위한 바른 마음챙김 명상正念에는 표상에 집중하는 사마타 수행도 포함된다는 주장이라든가 붓다의 명상법은 위빠사나 명상이며 위빠사나 명상은 사마타 수행과 반대되는 방법이기 때문에 위빠사나 명상은 사마타 수행과 연관이 없다는 주장이라든가 마음챙김과 알아차림을 핵심 기법으로 하는 붓다의 명상법과 관련하여 마음챙김을 사마타 수행법으로 동일시하며 알아차림을 위빠사나 수행법으로 동일시한다든가 사마타 수행에 의한 삼매는 통찰지의 계발을 위한 위빠사나 수행의 필요조건인데 사마타와 위빠사나 수행법은 어떠한 것들이고 둘의 관계는 어떠한가 즉, 어디까지 사마타 수행을 하고 언제 위빠사나 수행으로 넘어갈 것인가하는 문제 등이다.

먼저 붓다의 명상법에 대해 알아봄으로써 위에 열거한 의문점들 대부분을 해소할 수 있을 것이다. 붓다의 명상법은 흔히 위빠사나 명상이라고 알려져 있다. 그러나 저자는 앞서 2장 1절에서 붓다의 명상법을 마음챙김 명상이라고 일컫는 것이 바람직하다고 주장한 바 있다. 그 근거는 명상법에 대한 붓다의 가르침을 담은 대표적 경經인 「대념처경」과 「안반수의경」의 제목에 'sati'라는 빨리어 용어가 쓰였으며 이것은 mindfulness로 영역되고 한역어로는 마음챙김이 대체로 받아들여 쓰이고 있기 때문이다.[152] 또한 붓다의 명상법을 위빠사나라고 부르는 것이 적합하지 않은 이유는 그의 명상법에는 사마타와 위빠사나 모두 포함되어 있기 때문이다. 「삼매경」에서 붓다는 사마타와 위빠사나의 측면을 말하며 두 가지를 균형있게 닦는 것이 바람직하다고 설한다.[153] 그러면서 그는 마음의 사마타(삼매)와 위빠사나의 통찰지를 얻기 위해 마음챙김과 알아차림을 닦으라고 설한다. 정리하면 그의 명상법은 사마타와 위빠사나의 측면을 모두 포함하며 둘을 닦는 수행법은 마음챙김과 알아차림이다.

이제 이러한 요소들로 설명되는 붓다의 명상법을 알아보기로 한다. 붓다의 명상법에 대한 설명을 담은 가장 대표적인 경인 「대념처경」의 빨리어 명칭은 '마하사띠빠타나 수따'이다. "큰大 혹은 긴 마음챙김의 확립경"이라고 직역할 수 있다. 「대념처경」에 마음챙김의 확립은 대상에 깊이 들어가 지혜만이 있고 바른 마음챙김만이 있어서 갈애와 견해에 의지하지 않고 머무는 상태라고 한다.[154] 이것은 마음챙김 명상에 의해 준비단계에서 상대적인 견해 수준에 머물던 정견이 수준 높은 지혜로 발전하고 삼매가 계발되어 번뇌의 원인인 갈애가 소멸된 상태를 의미한다. 마음챙김의 확립은 사념처 수행과 떼어놓고 논할 수 없다. 몸, 느낌, 마음, 법에서 그것들을 더러움, 괴로움, 무상, 무아라고 파악하면서 깨끗함, 행복, 항상함, 자아라는 전도된 인식을 버리는 역할을 성취하면서 일어나는 것이 마음챙김의 확립이라고 한다.[155]

　마음챙김 명상은 사마타 수행과 위빠사나 수행의 측면을 지니는데 삼매는 위빠사나 수행에 의해 통찰지를 개발하는 데 필수조건이다. 위빠사나 수행은 사마타 수행에 의해 길러진 집중력을 바탕으로 조건적으로 형성된 것들을 일어나고 사라지는 무상한 그대로 보고 명상하고 깊게 관찰하여 궁극적으로 법들의 일반적 특상인 무상, 고, 무아를 통찰지로써 꿰뚫어 번뇌의 근본 원인인 무명을 타파하여 열반을 성취하기 위한 것이다.[156] 마음챙김 명상이 궁극적으로 추구하는 통찰지는 이치대로 일어나는 법들을 개념을 통하지 않고 직접적으로 꿰뚫어 보고 아는 것이다.[157] 우리의 경험의 진실인 있는 그대로의 법에 대해 통찰지를 얻는 것은 위빠사나 수행의 과제이다. 법은 '지금 이 순간' 연기법의 이치대로 조건에 따라 일어나고 사라지는 것들, 그 본성, 그 이치인 연기법 모두를 포괄한다. 반면, 개념은 우리로부터 법을 숨긴다. 혹자는 『청정도론』에 근거해 개념에 집중하는 사마타 수행을 통해 삼매를 닦은 후에 위빠사나를 닦아야 한다고 주장할 수 있다.

요가적 사마타 명상법이 붓다의 명상법의 사마타 수행의 맥락에서 논의되는 배경과 둘의 차이점을 고찰하기로 한다. 붓다의 명상법을 다루면서 개념이나 표상에 집중하는 요가적 사마타 수행법이 거론되는 이유는 동남아시아의 상좌부 불교 전통에서『청정도론』과 아비담마는 절대적 준거의 위치를 차지하는데 그 두 전거에 붓다의 명상법의 일부로 표상에 집중하는 사마타 수행법이 나타나기 때문이다.『아비담마 길라잡이』에 호흡에 대한 마음챙김 명상법을 설명하는 맥락에서 표상을 대상으로 마음챙기라는 설명이 나온다.[158] 여기서 저자는 아누룻다 스님이 쓴『아비담마 길라잡이』를 통해 아비담마의 내용을 접근하였다는 것을 밝힌다.『청정도론』과『아비담마 길라잡이』에 나타나는 사마타 수행법 중에서 까시나 명상과 같이 표상에 집중하거나 호흡의 개념에 집중하는 사마타 수행은 요가적 사마타 수행법에서 유래한 것으로 보인다.[159] 요가적 사마타 명상은 마음작용이 끊어져서 마음이 고요해지는 것을 추구한다. 마음작용은 마음을 산만하게 하는 사유기능인 일으킨 생각과 지속적 고찰 그리고 즐거움, 자의식 등을 가리킨다.[160] 그러나 표상에 집중하는 사마타 수행법은 붓다의 가르침에 어긋난다.

「대념처경」과「안반수의경」에 나타나는 호흡에 대한 수행법을 보면 들숨과 날숨을 경험되는 그대로 길면 길다고, 짧으면 짧다고 알아차리라고 한다. 마음챙겨 알아차려야 할 대상은 표상

이나 개념이 아니라 경험되는 그대로의 촉각적 느낌touch sensation
이다.[161] 호흡과 함께 일어나는 몸의 감각인 것이다. 또한 「상와
라경」(AN 4:14)을 보면 감각의 제어를 위한 수행방법으로 바깥
대상의 표상sign이나 부분상particulars를 파악하지 말고 감각기관과
감각적 대상의 접촉을 마음챙기고 알아차리라는 가르침이 나타
난다. 아름답다는 표상이나 손, 발, 미소, 웃음 등의 부분상을 파
악하지 말아야 하는 이유는 표상은 탐, 진, 치라는 오염원이 작용
하도록 만들고 세세한 부분상들이 늘어나게 하기 때문이라고 한
다.[162] 반면 감각기관과 감각적 대상의 접촉은 번뇌가 일어나는
지점이므로 접촉을 마음챙겨 알아차리는 수행에 의해 번뇌가 일
어나지 않도록 마음을 단속할 수 있다. 마음챙김 명상에서 개념
이나 관념은 법념처 수행의 대상일 뿐이다.[163] 법념처 수행에 의
해 개념이나 관념은 소멸되어 삼매의 계발을 가져오고 그것들의
일어남과 사라짐을 관찰함으로써 무상을 통찰지로써 얻게 된다.

한편, 요가적 명상의 사마타 수행법은 대상과의 완전한 합일
상태인 삼매에 도달하기 위해 시간성을 초월한 개념이나 표상
을 대상으로 집중을 닦는다. 대상에의 완전한 몰입 상태에서는
상대적 지식을 비롯하여 다양한 번뇌를 일으키는 마음작용이
끊어지기 때문이다.[164] 요가적 명상 수행의 기초단계에서는 호
흡의 개념이나 다른 표상에 집중하기도 하지만 궁극적 명상의
대상은 신의 개념이다. 여기서 신은 창조주로서의 인격신 개념

이라기 보다는 "지혜와 힘의 최고 완성의 모델"이다.[165] 그러한
신의 개념에 명상하는 것은 수행자 스스로를 고무시키고 인간
의 불완전함으로부터 벗어나도록 고취시키기 위한 것이다. 지금
까지 고찰한 바에 따르면 요가적 사마타 수행에 의해 도달하는
세계는 개념 너머의 초월세계라고 생각된다.[166]

명상체계로서의 요가의 전통은 유구하여 긴 시간 동안 역사
적 배경 아래 다양한 종교적 사상적 혼융을 거쳐 다양한 형태로
나타났는데 붓다에게 영향을 미쳤을 가능성이 있는 형태의 요가
전통에 대해 알아보는 것은 붓다의 사상과 명상법의 태동 배경
을 이해하는 데 도움이 될 것이다. 붓다가 출가한 후 찾아간 수행
자들 중 아라다 깔라마[Ārāḍa Kālāma]와 우드라까 라마뿌뜨라[Udraka the
son of Rāma]는 상캬·요가 수행자들로 알려져 있다.[167] 붓다가 이들
을 통해 접했을 요가 전통은 브라흐마니즘이라는 유신론적 배경
에서 싹튼 범아일여의 일원론의 교의에 대한 반발로 일어난 무
신론적이며 이원론적 성격을 지닌 상캬 형이상학을 수용한 것으
로 추정된다.[168] 두 상캬·요가 수행선사들은 아뜨만이 영원하다
는 믿음을 가지고 있었다고 한다. 이러한 점을 고려할 때 붓다가
접한 요가 전통은 초기 우빠니샤드와 중기 우빠니샤드에 나타나
는 내용이 혼합된 형태로 보인다.[169] 아뜨만의 절대적 실재성의
진리는 순수한 의식에 도달할 때 습득이 가능한 것인데 그러기
위해서는 허망 분별을 만들어내는 마음작용의 지멸이 필요하다.

반면 붓다에게는 유신론적 초월세계는 관심의 대상이 아니었다. 그는 생생한 경험 세계에 대한 직접적 통찰에 의한 지혜를 얻어 번뇌의 근본 원인인 무명을 타파하여 고통으로부터 자유로워지는 길을 추구하였다. 시간성을 띠는 현실세계와 상관없는 추상적인 개념에 마음을 지속적으로 모으는 요가적 사마타 수행은 마음을 산만하게 하는 마음의 작용들을 억누름으로써 마음의 고요함을 계발하지만 번뇌를 억눌러서 이룩된 고요함은 일시적인 심리적 상태일 뿐 다시 번뇌가 밀려오면 불안정해진다. 붓다는 마음의 고요함 즉, 삼매는 지혜를 계발하는 데 필수적인 도움 요소이지만 무명을 물리치는 직접적인 요인은 아니라고 생각했다. 붓다에 의하면 마음의 고요함만으로는 생사윤회의 근본인 번뇌를 끊지 못하고 위빠사나의 지혜로써만 끊을 수 있다.[170] 붓다에게 세간적인mundane 도를 벗어난 출세간supramundane의 도와 과는 위빠사나의 통찰지에 의해서만 가능한 것이다.[171]

마음챙김 명상의 사마타 수행법을 고찰하기로 한다. 붓다의 명상법과 관련하여 사마타란 삼매의 의미로 쓰인다.[172] 마음챙김 명상에서 삼매는 마음이 온전하게 집중된, 정신통일cittekagattā의[173] 상태를 의미하는데 마음챙김 명상은 대상을 객관화시켜 알아차리는 수행이기 때문에 대상에의 몰입을 위해 집중을 닦는 요가적 사마타 명상과는 달리 대상과 마음의 관계는 유지된다. 마음챙김 명상의 사마타 수행은 하나의 대상이나 대상 영역

― 호흡, 몸, 느낌, 마음, 법 ― 에서 대상을 객관화시켜 마음챙김과 알아차림을 수행하는 것이다.[174] 요가적 사마타 수행과 같이 대상에의 몰입을 위한 집중을 닦는 것이 아니라 대상을 분리시켜 마음챙겨 알아차린다. 대상이나 대상 영역을 정하는 사마타 수행에 의해서도 삼매가 길러지며 다양한 대상들에 대해 마음챙김과 알아차림을 닦는 위빠사나에 의해서도 마음챙김과 알아차림이 이어짐에 따라 정신통일이 이루어져 삼매가 길러진다. 요가적 사마타 수행과 마음챙김 명상의 사마타 수행은 위에서 설명한 바와 같이 수행법이 서로 다른 점도 있지만 대상 ― 전자는 표상, 후자는 느낌의 형태의 경험 ― 도 서로 다르다. 따라서 『청정도론』과 『아비담마 길라잡이』에 나타나는 사마타 수행법 중 개념이나 표상에 집중하는 방법은 붓다의 명상법에 해당하지 않는다. 붓다의 명상법에서 호흡에 대한 사마타 수행은 호흡을 경험되는 그대로 마음챙겨 알아차리는 것이라는 저자의 해석을 뒷받침하는 수행전통의 예로 미얀마의 마하시 선원, 쉐우민 선원, 태국의 아짠 차 스님, 미국의 보디 스님, 위말라람시 스님, 타니싸로 스님 등을 들 수 있다.[175]

지금까지의 논의를 종합해 보면, 『청정도론』이나 『아비담마 길라잡이』에 나타나는, 개념이나 표상에 집중하는 사마타 수행은 붓다의 마음챙김 명상의 맥락에서 논의되는 것이 바람직하지 않다.[176] 요가적 사마타 수행법과 마음챙김 명상의 사마타 수행법의 차이점을 간과하고서 요가적 사마타 수행법을 팔정도의 맥락에서 바른 삼매(정정)를 계발하는 방법으로 간주하는 것은 붓다의 명상법에 대한 이론적 연구나 수행법을 탐구하는 수행자들에게 혼란을 조장한다.[177] 붓다의 명상법에 대한 연구에서 사마타 수행과 관련한 논쟁은 불교 외적인 요가전통의 요소가 불교에 유입되게 된 역사적 문화적 배경에 대한 연구가 결여된 데서 비롯된다고 생각한다.[178]

　이제 마음챙김 명상의 두 측면인 사마타 수행과 위빠사나 수행의 관계와 관련이 있는 문제들을 다루기로 한다. 이 맥락에서 다음과 같은 의문들이 들 수 있다. 사마타 수행은 어디까지 닦고 위빠사나 수행은 언제 시작해야 하는가. 항상 사마타 수행을 먼저 닦고 위빠사나 수행을 닦아야 하는가 등이다. 「삼매경」(A 4:93)에서 붓다는 네 부류의 인간에 대한 가르침에서 사마타와 위빠사나 모두 닦을 것을 권한다. 통찰지를 계발하는 위빠사나 수행을 위해 삼매가 필요하기 때문에 사마타를 먼저 닦고 위빠사나를 닦는 것이 일반적이다. 그러나 위빠사나를 통해서도 삼매는 길러진다. 대상 영역을 하나에 고정시키는 사마타 수행과 달리 대상이 일어나는대로 알아차리는 '자유로운' 위빠사나 수행에 의해 길러지는 삼매를 찰나 삼매khaṇika samādhi, momentary concentration라고 한다.[179] 보디 스님은 찰나 삼매를 닦는 법은 특정한 대상에 집착하지 않고 마음챙김의 장에 나타나는 것들에 대해 지속적인 알아차림을 유지하는 것이라고 한다.[180] 수행에 성숙해짐에 따라, 대상에 대한 알아차림이 순간순간 이어지면서 집중이 강화되어 찰나 삼매가 길러진다. 대상이 바뀌어도 정신통일은 안정되게 유지되는 것이다.

사마타와 위빠사나 중 어떤 것을 먼저 닦는가의 문제에 대해서는 「삼매경」을 보아도 정해진 답이 없다. 타고난 자질과 성향에 따라 맞는 수행이 다르다. 저자의 생각을 말하면, 자신을 전인적으로 닦는 것에 앞서 깨달음을 중요시하는 것은 바른 마음가짐이 아니다. 그런 점에서 사마타와 위빠사나 모두 균형있게 닦을 필요가 있다. 깨달음에 대한 욕심없이 닦는 자체에 충실하다 '저절로' 깨달음에 이르는 것이 바른 길이다.

사마타와 위빠사나를 닦는 문제에 대한 정해진 답은 없지만 사념처 수행체계와 연관지어 사마타와 위빠사나를 닦는 실제 수행방법을 살펴보기로 한다. 사마타와 위빠사나로 이루어진 마음챙김 명상을 닦는 수행체계는 사념처 수행이기 때문이다. 사마타와 위빠사나 모두 마음챙김과 알아차림을 닦는다. 「삼매경」에서 붓다는 마음의 사마타도 얻고 위빠사나의 높은 통찰지도 얻기 위해 "아주 강한 의욕과 노력과 관심과 분발과 불퇴전과 마음챙김과 알아차림을" 닦아야 한다고 설한다.[181] 혹자는 분석적 사고에 의해 마음챙김은 사마타 수행법으로, 알아차림은 위빠사나 수행법으로 동일시할 수 있다. 그러나 이것은 오류다.[182] 사마타와 위빠사나 모두 마음챙김과 알아차림을 닦는 수행이지만 사마타는 보다 마음챙김에, 위빠사나는 보다 알아차림에 직접적으로 연관이 있는 수행법이라고 이해하는 것이 바람직하다.

이제 사마타와 위빠사나의 구체적인 수행방법에 대해 알아보기로 한다. 「삼매경」을 보면 사마타 수행은 마음을 하나에 고정시켜 마음을 안정시키고 마음이 통일되고 마음이 고요해지는 삼매에 드는 수행이라고 되어 있다.[183] 그렇게 사마타 수행을 통해 삼매를 계발하면 위빠사나의 높은 통찰지를 얻는 데 도움이 된다. 한편, 위빠사나 수행은 조건적으로 형성된 것들sa khāra, forma-tions을 바라보고 조사하고explore 법들의 삼특상인 무상, 고, 무아를 통찰지로써 꿰뚫어 열반을 성취하기 위한 수행이다.[184] 사념처 수행에 대한 가르침을 담은 「대념처경」에는 사마타와 위빠사나 수행법에 대한 명확한 구분이나 둘의 관계에 대해 명확한 설명을 찾아볼 수 없다. 그것은 붓다의 통찰 내용이 우리의 논리적 사고와 다른 성격의 것이어서 우리의 이해 범위를 넘어서기 때문이라고 생각된다. 사마타 수행은 마음을 하나의 대상에 고정시켜 삼매를 닦는 것이라는 「삼매경」의 내용을 사념처 수행에 적용해 볼 때 호흡, 몸, 느낌, 마음, 법의 대상 영역 각각에 마음을 고정시켜 마음챙김과 알아차림을 수행하는 것은 사마타 수행에 해당하고 조건적으로 형성된 것들이 일어나는대로 바라보고 조사하고 통찰하는 것은 위빠사나 수행에 해당하는 것이다. 조건적으로 형성된 것들은 처음에는 번뇌의 성격을 띠다가 마음챙김과 알아차림 수행에 의해 삼매가 길러져 평정심이 생기고 마음이 청정해지면 법을 대상으로 수행하게 되는 택법각지 — 칠각지의 두 번째 요소 — 가 길러지면서 법의 성격을 띠게 된다.[185]

사념처 수행을 닦을 때 사마타 수행과 위빠사나 수행이 어떻게 전개되는지 실제 수행에 비춰 살펴보기로 한다. 호흡에 대한 사마타 수행을 통해 마음을 호흡에 고정시켜 자연호흡을 그대로 마음챙기며 알아차린다. 마음챙김 명상법의 체계인 사념처 수행에 나타나는 수관은 마음챙김 명상이 표상에 집중하는 요가적 사마타 수행과 다른 수행법이라는 것을 잘 나타내준다. '따라 관찰'하는 수관은 호흡이면 호흡 몸(느낌, 마음, 법)이면 몸(느낌, 마음, 법)의 영역에서 일어나고 사라지는 대상들을 따라 관찰하는 수행이다. 호흡에 대한 마음챙김 수행에 의해 마음이 점차 안정되며 호흡의 흐름을 따라 마음챙김과 알아차림의 수행이 지속되면 호흡의 전 과정에 대한 알아차림이 분명해진다. 삼매가 길러지면서 호흡을 몸의 느낌과 함께 알아차리며 위빠사나 수행으로 전이된다. 마음챙김을 몸의 장으로 확대시켜 신념처 수행을 닦도록 한다. 신념처 수행은 마음챙김을 호흡의 느낌에 국한시키지 않고 몸에서 일어나고 사라지는 대상들을 관하는 위빠사나 수행을 하는 것이다. 몸이라는 하나의 대상 영역을 정하여 마음챙김과 알아차림을 수행한다는 점에서 사마타 수행

이며 대상이 일어나고 사라지는대로 흐름을 따라 관찰^{隨觀}한다
는 점에서 위빠사나 수행이다. 사념처의 수관은 사마타와 위빠
사나를 결합하여 유기적으로 닦는 수행법이라고 이해된다.[186]

4. 마음챙김 명상에 대한 붓다의 가르침을 담은 경전
─「대념처경」, 「안반수의경」

　마음챙김 명상에 대한 붓다의 가르침을 담은 대표적 경들은
「대념처경」과 「안반수의경」이다. 이 절에서는 두 경들의 내용을
구조적으로 고찰하면서 이론과 실제를 통합한 관점에서 주요
용어들과 논란의 여지가 있는 표현의 의미를 해석할 것이다.

1) 「대념처경」

　마음챙김 명상체계는 사념처 수행이다. 「대념처경」은 몸, 느
낌, 마음, 정신적 대상(법)에 대한 마음챙김의 확립을 말하는 신
념처, 수념처, 심념처, 법념처로 이루어져 있다. 마음챙김의 확립
은 몸과 느낌과 마음과 법에서 각각의 대상들에 깊이 들어가 그
것들을 더러움, 괴로움, 무상, 무아라고 파악하면서 또 깨끗함,
행복, 항상함, 자아라는 그릇된 인식을 버리는 역할을 성취하면
서 일어난다고 한다.[187] 「대념처경」의 구조를 나타내주는 도식

은 아래에 제시될 것이다. 여기서 주목할 점은 「대념처경」에는 호흡에 대한 마음챙김 수행이 신념처분에 나타나는데 「안반수의경」에는 사념처 수행과 결합된 형태로 나타난다는 것이다. 이것은 「대념처경」은 사념처 수행법의 전체적인 구조와 사념처 각각에서 닦아야 할 명상 주제들을 담고 있는 반면 「안반수의경」의 내용은 수행에 성숙한 수행자를 위한 실질적인 수행 지침을 담은 것으로 보인다. 「안반수의경」의 내용은 마음챙김 명상의 두 측면인 사마타와 위빠사나를 결합해서 닦는 수행법을 담은 것으로 보인다. 다음은 「대념처경」에 나타나는 사념처 수행을 위한 명상 주제들이다.[188]

신념처 수행방법(14가지 혹은 6가지)

    호흡에 대한 마음챙김

    네 가지 자세 (행주좌와)에 대한 알아차림

    분명한 알아차림(나아감, 물러남…)

    몸의 32가지 부위에 대한 혐오

    네 가지 근본물질(四大要素)로 몸을 분석

    아홉 가지 공동묘지의 관찰(아홉 가지를 하나의 주제로 볼 수도 있음)

수념처 수행방법(9가지)

    즐거운 느낌

괴로운 느낌

괴롭지도 즐겁지도 않은 느낌(평온한 느낌)

세속적인 즐거운 느낌

세속적인 괴로운 느낌

세속적인 괴롭지도 즐겁지도 않은 느낌

세속을 여읜 즐거운 느낌

세속을 여읜 괴로운 느낌

세속을 여읜 괴롭지도 즐겁지도 않은 느낌

심념처 수행방법(16가지)

탐욕이 있는 마음

탐욕을 여읜 마음

성냄이 있는 마음

성냄을 여읜 마음

미혹(어리석음)이 있는 마음

미혹을 여읜 마음(세간적인 유익한 마음이나 판단할 수 없는 마음)

위축된 마음(해태, 혼침)

산란한 마음(들뜸, 흩어진 마음)

고귀한 마음(색계와 무색계의 마음)

고귀하지 않은 마음(욕계의 마음)

위가 남아있는 마음(욕계의 마음)

[더 이상] 위가 없는 마음(색계, 무색계)

삼매에 든 마음(본삼매, 근접삼매에 든 마음)

삼매에 들지 않은 마음

해탈한 마음(욕계의 유익한 마음, 색계와 무색계의 마음)

해탈하지 않은 마음 (위의 두 가지 해탈이 없는 마음)

법념처 수행방법(5가지)

다섯 가지 장애(五蓋)의 알아차림

다섯 가지 무더기(五蘊)의 알아차림

여섯 가지 감각장소(六處)에서의 알아차림

일곱 가지 깨달음의 구성요소(七覺支)의 알아차림

네 가지 성스러운 진리(四聖諦)의 알아차림

먼저 신념처 수행방법에 대해 설명하기로 한다. 몸이라는 대상 영역에서 마음챙김 명상을 수행하는 법이 신념처이다. 몸이라는 대상 영역 ― 호흡을 포함 ― 을 고정시켜 마음챙기고sati 알아차린다pajānāti는 점에서 사마타 수행이다. 삼매가 계발됨에 따라 몸의 영역에서 일어나고 사라지는 대상을 따라가며 관(수관)하는 것을 수행하므로 사마타 수행과 위빠사나 수행이 결합된 형태라고 할 수 있다. 신념처분에는 14가지 혹은 6가지 명상 주제들이 제시된다. 6가지로 나누는 기준은 아홉 단계로 나눈 "아홉가지 공동묘지의 관찰"을 하나의 주제로 간주하는 것이다.

　신념처분에 나타나는 여섯 가지 명상 주제들은 호흡에 대한 마음챙김 명상, 네 가지 자세 ― 행, 주, 좌, 와 ― 에 대한 마음챙김 명상, 항상 분명히 알아차리며 행함, 몸의 32가지 부위에 대한 혐오, 몸을 네 가지 요소 ― 지, 수, 화, 풍 ― 별로 해체해서 반조함, 아홉 가지 공동묘지의 관찰이다. 이 중에서 네 가지 요소에 대한 마음챙김 명상 수행에 대해 좀 더 설명하기로 한다. 네 가지 요소는 개념적인 땅, 물, 불, 바람이 아니라 이 요소들의 경험되는 특징들을 명상 주제로 삼아 수행해야 할 것들이다. 사대 요소에 대해 마음챙김 명상을 수행할 때는 이 몸에 있는 딱딱한 성질이나 거친 성질은 땅의 요소라고 명상 주제로 삼는 것이고, 응집하는 성질이나 유동의 성질은 물의 요소라고 명상 주제로 삼는 것이고, 익게 하는 성질이나 뜨거운 성질은 불의 요소라고 명상 주제로 삼는 것이고, 팽창하는 성질이나 움직이는 성질은 바람의 요소라고 명상 주제로 삼는 것이다. 네 가지 요소는 단지 물질을 구성하는 가장 기본적인 요소(사대요소)로 마음에 잡도리하고 반조해야 한다.[189] 그러한 수행을 통해 육체에 대한 인식을 바탕으로 한 중생이라는 인식은 사라지게 된다.[190] 한 가지 주의할 점은 사람의 몸이 네 가지 요소로 구성되어 있다는 고정 관념을 갖는 것은 바람직하지 않다.

　느낌이라는 대상 영역에서 마음챙김 명상을 수행하는 법이 수념처이다. 수념처분에 나타나는 수행법은 9가지가 제시되지만 세 가지 느낌 ― 즐거운 느낌, 괴로운 느낌, 괴롭지도 즐겁지도 않은 느낌(평온한 느낌) ― 에 대한 마음챙김 명상 수행으로 이해하면 된다. 세속적인 느낌과 비세속적인 느낌으로 나누어 분류하는데 세속적인 느낌은 세속의 감각적 욕망에 바탕을 둔 육체적, 정신적 느낌을 말한다. 비세속적인 느낌은 출가 생활에 바탕을 둔 느낌이라는 해석이 있다.[191]

마음이라는 대상 영역에서 마음챙김 명상을 수행하는 법이 심념처이다. 심념처분에 나타나는 수행법은 16가지가 제시된다. 그 중에서 미혹을 여읜 마음은 세간적인 유익한 마음이나 판단할 수 없는 무기無記의 마음이다. 무기의 마음은 업도 아니고 업의 과보도 아닌, 단지 작용만하는 마음으로서 유익한 것과 해로운 것으로 결정할 수 없는, 그래서 무기無記, avyākata의 마음이라고 한다. 위축된 마음은 해태와 혼침에 빠진, 움츠러든 마음이다. 산란한 마음은 들뜸이 있는, 흩어진 마음이다. 고귀한 마음은 색계와 무색계의 마음이다. 고귀하지 않은 마음은 욕계의 마음이다. 위가 남아있는 마음은 욕계의 마음이다. 위가 없는 마음은 색계와 무색계의 마음이다. 색계와 무색계 마음들 중에서 색계의 마음은 아직도 위가 남아있는 마음이고 무색계의 마음은 더 이상 위가 없는 마음이다. 삼매에 든 마음은 본삼매와 근접삼매에 든 마음이다.[192] 삼매에 들지 않은 마음이란 본삼매와 근접삼매가 없는 마음이다. 해탈한 마음이란 반대를 대체함으로써 해탈한 욕계의 유익한 마음과 억누름에 의해 해탈한 색계와 무색계의 마음이다. 반대를 대체한다는 것의 구체적인 예를 들면 위빠사나 수행에 의해 조건적으로 형성된 것에 대해 무상 등의 결점을 보고 그 형성된 것의 반대인 열반으로 기울어지는 것과 같이 반대를 대체하는 것이다.[193] 억누름에 의해 해탈한 마음은 사마타 수행에 의해 번뇌를 억누름에 의해 도달한 색계와 무색계의 마음이다.[194] 해탈하지 않은 마음이란 반대를 대체함으로써 해탈한 마음과 억누름에 의해 해탈한 마음이 없는 마음이다.

법(정신적 대상)이라는 대상 영역에서 마음챙김 명상을 수행하는 법이 법념처이다. 법념처분에 나타나는 수행법은 5가지가 제시된다. 먼저 오장애는 오개五蓋라고도 불리는데 마음이 고요한 삼매에 들지 못하게 하는 장애물들이기 때문이다. 감각적 욕망, 악의, 해태와 혼침, 들뜸과 후회, 의심의 다섯 가지가 있다.

오(취)온의 교의는, 붓다가 인간을 포함한 모든 존재를 이 다섯 가지 무더기들의 화합으로 설명한 것이다. 만물의 실상을 꿰뚫어보지 못한, 무명 상태의 범부들은 다섯 가지 무더기들의 화합에 불과한 것을 '나' 등으로 취착한다고 한다. 오취온은 무명에 빠져있는 범부들의 자아관과 세계관이 형성되는 경험의 과정을 다섯 가지로 분석한 것이다. 오온은 번뇌와 취착이 없는 아라한에게 해당된다.[195] 다섯 가지 무더기들은 물질色, 느낌受, 지각표상想, 정신적 형성물行, 인식識이다. 붓다는 사성제에 대한 가르침에서 이 다섯 가지 무더기들 자체가 괴로움이라고 한다.[196] 조건적으로 형성된 모든 것들이 본성적으로 불만족스러움 혹은 괴로움인 이유는 모든 것들이 오취온에 불과하기 때문이다. 인간이 만물의 궁극적 진리paramattha를 꿰뚫어보지 못하고 개념paññatti에 갇혀있게 조건지어진 것도 오취온으로 설명되는 경험의 과정 때문이다.

색온은 집착에서 생긴 물질적 요소의 쌓임 혹은 무더기요 경험의 외재적 대상의 측면을 말한다. 수온은 집착에서 생긴 느낌 혹은 감각의 쌓임을 말한다. 보디 스님은 모든 경험적 의식은 이러한 느낌affective tone을 수반한다고 말한다.[197] 여섯 가지 감각기관들(눈, 귀, 코, 혀, 몸, 마음)과 대상과의 접촉에서 생기는 감정, 감각, 고통, 쾌락의 감수작용, 육체적 현상, 감각, 인상 등을 가리킨다. 상온은 집착에서 생긴 지각표상의 쌓임이다. 마음의 형상을 만드는 작용이다. 외재적 요소 모두에 관계되어 구성되는 상념을 말하기도 한다. 마음에 관련된 정신적 현상인 심상을 취하는 취상작용으로서의 표상, 개념 등의 작용이다. 상온은 대상을 받아들여 개념화하는 것을 말한다. 행온은 물질이 물질이 되게끔, 느낌이 느낌이 되게끔, 지각표상이 지각표상이 되게끔, 인식이 인식이 되게끔 충동질하는 성질로서의, 수온과 상온을 제외한 모든 마음부수 ─ 마음을 수반하는 마음의 구성요소들 ─ 를 의미한다. 행온은 업과 직접적으로 연관이 있는 마음부수이다.[198] 식온은 여섯 감각기관을 통해 대상을 식별하는 작용을 말한다. 수온, 상온, 행온이 정화될 때 식온은 '맨주의bare attention, a detached observation'를 대상에 기울인 상태에서의 인식으로 이해된다.[199] 그러한 상태의 마음(마노)은 아직 경험의 진실인 법들의 삼특상 — 무상, 고, 무아 — 을 꿰뚫어보는 통찰지가 계발되지 않은 단계이다. 통찰지의 계발을 위해 한 차원 높은 의식이 열려야 한다. 그러한 목표에 도달하는 것이 위빠사나 수행법이다.

오장애, 오(취)온에 이어 법념처분에 나오는 세 번째 수행은 여섯 가지 감각장소에서 감각의 대상을 접촉하는 것에 대한 알아차림이다. 실제 수행에서 "육문노팅six sense-door noting"이라고 불리기도 한다.[200] 마음챙김 명상은 오취온으로 표현되는 취착의 대상인 무더기들을 단지 지켜보고 알아차림으로써 해체시킨다. 여섯 감각기관과 그에 상응하는 각각의 대상의 접촉을 마음챙겨 알아차림으로써 번뇌가 일어나는 지점에서 알아차림으로써 마음을 보호하고 정화시킬 수 있으며 더불어 개념을 통하지 않고 법을 직접적으로 통찰하는 것을 닦을 수 있다.

다음으로 일곱 가지 깨달음의 구성요소(칠각지)를 법으로 알아차리는pajānāti[201] 수행이 나오는데 칠각지는 마음챙김, 조사(택법각지), 정진, 희열, 경안(고요), 삼매, 평온이다. 법을 간택하는 택법각지는 물질 · 정신의 현상을 있는 그대로 보는 통찰지를 지칭한다.[202] 물질 · 정신rūpa·nāma은 오취온의 맥락에서 이해할 수도 있고 수행의 맥락에서 대상 – (알아차리는)마음으로 이해할 수도 있다. 편안함은 마음과 마음을 수반하는 마음부수의 편안함이다.[203] 평온은 중도의 터득으로 이끄는 선정의 요소로 이해된다.[204] 법의 간택과 정진과 희열은 마음이 나태해지지 않도록 돕고 편안함과 삼매와 평온은 마음이 들뜨지 않도록 한다. 마음챙김은 이 두 부류를 균형잡히게 하는 역할을 한다. 일곱가지 깨달음의 요소는 마음챙김을 시작으로 순서대로 계발된다. 칠각지를 닦는 방법은 마음챙김이 있을 때 '마음챙김이 있다'고 알아차리고, 마음챙김이 없을 때 '마음챙김이 없다'고 알아차린다. 전에 없던 마음챙김이 어떻게 일어나는지 알아차리고, 일어난 마음챙김이 어떻게 닦을 때 성취되는지 알아차린다.[205] 이와 같은 방법으로 택법각지의 깨달음의 구성요소를 비롯하여 나머지 깨달음의 구성요소에 대한 마음챙김 명상을 닦는다.

마지막으로 네 가지 성스러운 진리四聖諦에 대한 마음챙김 명상 수행은 고성제, 집성제, 멸성제, 도성제에 대한 마음챙김으로 이루어져 있다. 고성제는 괴로움의 범위와 본성에 대한 가르침으로 생, 노, 병, 사와 같이 범부들이 일반적으로 겪는 괴로움을 설하기도 하고 원하는 것을 얻지 못함이 괴로움이라고 설하지만 가장 심오한 부분은 오취온 자체가 괴로움이라고 설한 것이다. 모든 존재가 괴로움의 본성을 가질 수밖에 없는 근거로서, 무명을 떠받치는 인간의 실존을 오취온으로 설한 것이다.[206] 사성제에 대한 자세한 설명은 앞에 2장 2절 「정견」에서 찾을 수 있다.

2) 「안반수의경」[207] 의 구조

「안반수의경」(MN 118)에 나타나는 마음챙김 명상법의 구조는 아래와 같다. 총 열 여섯 단계로 이루어져있으며 다시 각 네 단계는 신념처 수행, 수념처 수행, 심념처 수행, 법념처 수행으로 분류된다.

① '길게 들이쉬면서 길게 들이쉰다'고 꿰뚫어 알고 '길게 내쉬면서 길게 내쉰다'고 꿰뚫어 안다.

② '짧게 들이쉬면서 짧게 들이쉰다'고 꿰뚫어 알고 '짧게 내쉬면서 짧게 내쉰다'고 꿰뚫어 안다.

③ '온몸을 경험하면서 들이쉬리라'며 공부짓고 '온몸을 경험하면서 내쉬리라'며 공부짓는다.

④ '몸의 작용(身行)을 편안히 하면서 들이쉬리라'며 공부짓고 '몸의 작용을 편안히 하면서 내쉬리라' 공부짓는다. → 신념처

⑤ '희열(心受, 마음의 느낌)을 경험하면서 들이쉬리라'며 공부짓고 '희열을 경험하면서 내쉬리라'며 공부짓는다.

⑥ '행복(身受, 몸의 느낌)을 경험하면서 들이쉬리라'며 공부짓고 '행복을 경험하면서 내쉬리라'며 공부짓는다.

⑦ '마음의 작용(心行)을 경험하면서 들이쉬리라'며 공부짓고 '마음의 작용을 경험하면서 내쉬리라'며 공부짓는다.

⑧ '마음의 작용을 편안히 하면서 들이쉬리라'며 공부짓고 '마음의 작용을 편안히 하면서 내쉬리라'며 공부짓는다. → 수념처

⑨ '마음을 경험하면서 들이쉬리라'며 공부짓고 '마음을 경험하면서 내쉬리라'며 공부짓는다.

⑩ '마음을 기쁘게(희열) 하면서 들이쉬리라'며 공부짓고 '마음을 기쁘게 하면서 내쉬리라'며 공부짓는다.

⑪ '마음을 집중하면서 들이쉬리라'며 공부짓고 '마음을 집중하면서 내쉬리라'며 공부짓는다.

⑫ '마음을 해탈하게 하면서 들이쉬리라'며 공부짓고 '마음을 해탈하게 하면서 내쉬리라' 공부짓는다. → 심념처

⑬ '무상을 관찰하면서 들이쉬리라'며 공부짓고 '무상을 관찰하면서 내쉬리라'며 공부짓는다.

⑭ '탐욕이 빛바램을 관찰하면서 들이쉬리라'며 공부짓고 '탐욕이 빛바램을 관찰하면서 내쉬리라'며 공부짓는다.

⑮ '소멸을 관찰하면서 들이쉬리라'며 공부짓고 '소멸을 관찰하면서 내쉬리라'며 공부짓는다.

⑯ '놓아버림[208]을 관찰하면서 들이쉬리라'며 공부짓고 '놓아버림을 관찰하면서 내쉬리라'며 공부짓는다. → 법념처

「대념처경」과 「안반수의경」의 내용을 비교해 볼 때 「대념처경」에는 호흡에 대한 마음챙김 수행이 신념처분에 포함되어 있는 반면 「안반수의경」에는 호흡에 대한 마음챙김 수행이 사념처 수행과 결합된 형태로 나타나는 것을 볼 수 있다. 「대념처경」의 내용은 사념처 수행을 네 가지 대상 영역으로 나누어 분석적이며 구조적으로 일목요연하게 설명한 것으로 보인다. 반면 「안반수의경」의 내용은 숙달된 수행자들을 상대로 마음챙김 명상법에 대해 설명한 것으로 보인다. 실제 수행 체험에 비춰 볼 때 「안반수의경」의 내용이 더 합당한 것으로 보인다. 마음챙김 명상 수행을 통해 몸과 마음이 유기적으로 작용하는 상태로 전이되며 정신통일이 계발되기 때문이다. 저자는 마음챙김 명상은 네 가지 대상 영역에서 경험되는 그대로를 느낌으로 마음챙겨 알아차리는 수행이라고 생각한다.[209] 따라서 집중력이 신장되고 사념처 수행에 능숙해질수록 기초단계에서 닦은 호흡을 마음챙겨 알아차리는 수행과 사념처 수행은 결합된 형태로 이루어지게 된다. 이것은 인간의 몸과 마음이 유기체적인 성격을 지니기 때문이다.

앞에 제시된 도식에 나타나는 용어들이 무엇을 의미하는지 설명할 필요가 있다. 3번 항목에 나오는 '온몸을 경험하면서'라는 가르침의 의미에 대해서는 이견이 분분하다. 서로 다른 견해에 대해서는 다음 장 "이론과 실제의 접목"에서 자세히 다루기로 한다. 실제 수행을 통한 체험과 경전 텍스트의 문맥, 그리고 주석서 등에 나타나는 해석들을 통합적으로 고찰하여 저자 나름대로의 해석을 제시할 것이다. 여기서는 저자는 문자 그대로의 의미로 해석한다는 것을 밝힌다.

이제 4번 항목에 나오는 '몸의 작용身行'이 의미하는 바를 살펴보기로 한다. 「까마부경」(SN41:6)에 "호흡은 몸에 속하는 것이고 이런 법들은 몸에 묶여 있습니다. 그래서 호흡은 몸의 작용입니다"라는 내용이 나온다.[210] 이것은 호흡이 몸의 작용이라는 것을 말해준다. 저자는 이 맥락에서 몸의 작용에는 호흡만 포함되는 것은 아니라는 것을 지적한다. 몸의 작용에는 긴장, 떨림과 같은 것도 포함된다. 실제 수행을 할 때 몸의 긴장은 몸에 대한 마음챙김 수행의 주된 대상이다. 저자는 몸의 긴장을 대상으로 알아차리는 것을 강조한다. 그럼으로써 몸은 점점 더 미세한 상태로 전이되면서 삼매의 계발에 도움이 된다. 위말라람시 스님도 긴장을 주목한다. 그는 「안반수의경」에 대한 해설서에서 긴장을 푸는 것을 강조한다. 그는 깊은 삼매에 들지 못하게 하는 다섯 가지 장애五蓋를 놓아버리고 머리에서 긴장을 풀고 마음을 평온하게 하고 호흡에 대한 마음챙김 수행을 이어가라고 한다. 그럴 때 마음이 어떻게 작용하는지, 이것이 지혜의 계발로 이끄는지 분명하게 보기 시작한다고 한다.[211]

5번 항목에 포함된 희열과 6번 항목에 포함된 행복은 삼매의 요소들이라는 것을 기억할 필요가 있다. 5번 항목과 6번 항목은 수념처 수행에 속하는데 수념처 수행에서 마음의 느낌心受인 희열과 몸의 느낌身受인 행복을 명상 주제로 삼는 것을 볼 수 있다. 7번 항목과 8번 항목에 나오는 마음작용(심행citta-sa khāra)이 심념처 수행에 해당하지 않고 수념처 수행에 속한다는 점은 주목할 만하다.[212] 마음작용은 느낌의 무더기受蘊와 인식의 무더기想蘊를 말하는데 수온은 감성의 대상을 받아들이는 것을 말하고 상온은 지각표상을 말한다.[213] 마음작용이 수념처의 맥락에서 다뤄지는 것을 볼 때 마음작용은 대상을 경험하며 받아들이는 과정에서 발생하는 것으로 이해된다. 개념은 법념처의 명상 주제이다.

12번 항목에 나타나는 '마음을 해탈하게 하면서'라는 말의 뜻은 예를 들어 초선을 통해 다섯 가지 장애들로부터 마음을 벗어나게 하고 해탈하게 한다는 뜻이다. 마찬가지로 제2선을 통해 일으킨 생각과 지속적인 고찰로부터 마음을 벗어나게 하고 해탈하게 한다. 위빠사나를 하는 순간에는 "무상의 관찰로 영원하다는 인식으로부터, 괴로움의 관찰로 행복하다는 인식으로부터, 무아의 관찰로 자아라는 인식으로부터, 염오의 관찰로 즐김으로부터, 탐욕이 빛바램의 관찰로 탐욕으로부터, 소멸의 관찰로 일어남으로부터, 놓아버림의 관찰로 가짐으로부터 마음을 벗어나게 하고 해탈하게" 한다는 뜻이다.[214] 15번 항목에 나오는 '소멸을 관찰하면서'라는 말의 뜻은 일어남의 반대 의미를 지니고, 16번 항목에 나타나는 '놓아버림을 관찰하면서'라는 말의 뜻과 관련하여 주석서에는 번뇌나 오염원을 버리는 것과 열반에 들어가는 것 두가지를 얘기한다. 삼매에 의한 이욕에 의해 번뇌와 탐, 진, 치라는 오염원을 버리는 것은 곧 열반에 드는 것을 의미한다.[215]

이론과 실제의 접목

이번 장에서는 마음챙김 명상에 대한 붓다의 가르침을 담은 「대념처경」(DN 22)과 「안반수의경」(MN 118)의 내용 중 논란의 여지가 있는 부분을 실제 수행에 비춰 통합적으로 고찰함으로써 올바른 해석을 통해 마음챙김 명상의 바른 수행체계를 정립하고자 하는 것이다. 또한 20세기와 금세기에 걸쳐 전 세계적으로 마음챙김 명상을 알리고 전파한 훌륭한 수행선사들의 수행지침들 중 논란의 여지가 있는 부분을 위의 두 경의 내용과 관련이 있는 다양한 해석들과 여러 수행선사들의 실제 수행지침들을 통합적으로 고찰함으로써 마음챙김 명상의 바른 수행체계를 정립하고자 하는 것이다. 「대념처경」과 「안반수의경」에 나타나는 수행법 중에 실제 수행에 있어 중요한 것들인데 이론 연구 분야에서 지배적인 것으로 받아들여지는 해석과 실제 수행에서의 발견들이 충돌하는 것들이 있다. 그러한 충돌이 야기되는 이유는 한편으로는 텍스트에 대한 이론 연구에 그치거나 또 다른 한편으로는 선원의 수행 전통을 무조건 수용하면서 이론 연구가 부족하여 통합적인 접근이 이루어지지 않는데서 기인한다고 본다. 텍스트에 대한 이론 연구에 있어서 혼란을 야기하는 부분은 전 세계의 불교계에서 가장 정통성을 인정받는 남방불교 국가들이 상좌부불교 전통을 따르고 있는 것과 연관이 있다고 생각된다. 상좌부불교는 붓다의 직설을 담은 경장보다는 경장에 대한 주석서인 아비담마[1]와 『청정도론』을 절대적 준거로 삼는데 『아

비담마 길라잡이』를 통해 살펴본 아비담마나 『청정도론』에는
붓다의 직설과 상충되는 내용이 발견되기 때문이다. 대표적인
예가 사마타 수행과 관련된 부분이다. 아래에는 경장의 텍스트
에 대한 해석과 실제 수행에 있어서의 발견과 충돌하는 것들이
나 경장의 텍스트에는 부각되지 않는데 실제 수행 분야에서 강
조되는 것을 다루기로 한다.

1. "온몸을 경험하면서"

아래에 인용된 문구는 「대념처경」과 「안반수의경」의 신념처
수행 부분에 공통적으로 나타나는 내용이다.

'온몸을 경험하면서 들이쉬리라'며 공부짓고 '온몸을 경험하면서
내쉬리라'며 공부짓는다. '몸의 작용(신행)을 편안히 하면서 들이쉬
리라'며 공부짓고 '몸의 작용(신행)을 편안히 하면서 내쉬리라'며 공
부짓는다.

논란이 되는 부분은 "온몸을 경험하면서"이다. 이 표현에 대
해 이론 연구분야에서의 지배적인 해석은 여기서 몸은 호흡을
가리키고 '온몸'은 호흡의 시작과 중간과 끝을 의미한다는 것이

다.[2] 몸이 호흡을 가리킨다고 해석할만한 근거는 「안반수의경」에서 다음과 같이 발견된다. "비구들이여, 이 들숨과 날숨은 몸들 가운데서 한 가지 (형태의) 몸이라고 나는 말한다." 여기서 호흡이 한 가지 (형태의) 몸이라는 의미는 호흡이 몸을 이루는 네 가지 요소인 지, 수, 화, 풍 중에서 바람의 요소에 해당한다는 뜻이라고 주석서는 해석한다.[3] 저자는 호흡이 한 가지 형태의 몸이라는 말은 호흡이 신념처에 속한다는 것을 설명하기 위한 것일 수 있다고 생각한다.

또한 『상윳따 니까야』「까마부경」(SN 41:6)에 까마부 존자가 호흡이 몸의 작용이라고 설하는 내용이 다음과 같이 나온다. "호흡은 몸에 속하는 것이고 이런 법들은 몸에 묶여 있습니다. 그래서 호흡은 몸의 작용입니다."[4] 저자는 이 인용문이 호흡이 몸에 속하며 호흡이 몸의 작용(신행)에 해당한다는 것을 말해주지만 몸에 속하는 것은 호흡 외에 수많은 것들이 있기 때문에 호흡이 몸의 작용 전체를 의미하지는 않는다는 점을 지적한다. 「안반수의경」에서 신념처분에 "호흡은 몸들 가운데서 한 가지 [형태의] 몸이라고 나는 말한다"라는 구절이 나오고 수념처분에 "호흡을 잘 마음에 잡도리하는 것은 느낌들 가운데서 한 가지 [형태의] 느낌이라고 나는 말한다."라는 구절이 나온다.[5] 저자의 생각에, 첫 번째 인용문은 호흡이 신념처 수행에 속하는 이유를 설명하고 두 번째 인용문은 호흡을 알아차리는 수행은 수념처 수행에도 속한다는 것을 의미한다. 호흡을 알아차리는 수행이 수념처에도 속하는 이유는 호흡을 느낌으로 알아차리기 때문이다.

저자는 "온몸을 경험하면서"를 문자 그대로의 의미로 해석한다. 그 이유는 「대념처경」과 「안반수의경」으로부터 인용한 문장들에 "온몸을 경험하면서" 호흡에 대한 마음챙김 수행을 하라는 가르침에 이어서 "몸의 작용身行을 편안히 하면서" 호흡에 대한 마음챙김 수행을 하라는 가르침이 나오기 때문이다. 즉, 온몸을 문자 그대로의 의미로 받아들이고 온몸을 경험하면서 호흡에 대한 마음챙김을 수행하는 것과 몸의 작용이 연관이 있다는 것이다. 실제 수행에서 온몸을 경험하면서 혹은 느끼면서 호흡에 대한 마음챙김을 수행하다 보면 마음챙김의 장이 온몸으로 확대되어 몸에서 일어나는 작용들 — 예를 들어, 긴장, 무거움, 가벼움, 통증 등에 의한 느낌, 떨림 등 — 에 대한 마음챙김 수행이 가능해지며 삼매가 계발됨에 따라 삼매의 요소인 희열과 행복도 계발되게 된다.[6] 온몸을 경험하면서 호흡에 대한 마음챙김 수행을 진행함에 따라 몸에서 일어나는 작용들이 편안해지면 마음에 희열이 생기는 것은 물론 몸의 거친 느낌들이 미세한 상태로 변하며 가벼워짐을 느끼게 된다. 더 나아가 호흡과 몸의 느낌이 하나인 듯 경험되며 호흡을 느낌으로 알아차리게 된다. 호흡도 한 형태의 몸이라는 해석과 수행 체험 내용이 같아지게 되는 것이다. 따라서 몸을 호흡으로 해석할 필요가 없다. 온몸을 경험하면서 호흡을 마음챙겨 알아차리는 수행을 할 때 몸의 작용, 마음의 작용도 편안히 하게 되며 사념처의 네 대상영역에서의 마음챙김 수행도 유기적으로 이뤄지게 된다. 온몸을 경험하면서 사념처 수행을 할 때 온몸을 경험하는 것은 신, 수, 심, 법의 사념처 수행이 유기적으로 이루어지게 하며 동시에 사마타 수행과 위빠사나 수행을 유기적으로 이뤄지게 하는 역할도 한다고 생각한다. 인간의 몸(신)과 마음(수, 심, 법)은 떼려야 뗄 수 없는 관계에 있기 때문이다. 온몸이 마음챙김의 장이 되고 이어서 마음챙김의 장이 마음으로 확대되고 마음챙김과 알아차림 수행에 의해 삼매가 길러지면 몸과 마음에서 일어나는 것들을 밖으로 관찰하고 꿰뚫어 보는 위빠사나 수행으로 전이되게 된다.

"온몸을 경험하면서"를 문자 그대로의 의미로 받아들이는 것이 바람직하다는 입장을 취하면서도 저자는 주석서들처럼 '몸'을 호흡으로 해석하며 '온몸'을 호흡의 시작과 중간과 끝으로 해석하는 것이 실제 수행의 맥락에서 어떠한 차이를 가져오는지 고찰해보고자 한다. '온몸'에서 몸이 호흡을 의미하고 '온몸'은 호흡의 시작과 중간과 끝을 의미한다고 해석할 경우 사마타 수행이 강화되어 강한 집중력으로 호흡의 흐름을 더 면밀히 마음챙겨 알아차리게 된다. 한편, '온몸'을 문자그대로의 의미로 해석하고 온몸을 경험하면서 호흡에 대한 마음챙김 명상을 수행하면 집중력이 계발됨에 따라 호흡의 흐름 전 과정에 대한 분명한 알아차림이 계발되고 호흡을 몸의 느낌으로 알아차리게 된다. 호흡의 흐름을 분명하게 알아차리게 된다는 것은 '온몸'을 호흡의 시작과 중간과 끝으로 해석하고 수행하는 경우와 똑같은 결과이다. 차이점은 '온몸'을 호흡의 시작과 중간과 끝의 의미로 해석할 경우 사마타 수행의 성격이 강화되어 신통력이 개발되는 방향으로 발전할 수 있다. 반면 '온몸'을 문자 그대로의 의미로 받아들일 경우 마음챙겨 알아차리는 수행이 성숙되어 삼매가 계발되면 신념처에서의 위빠사나 수행으로 전이되게 된다. 이것은 호흡과 몸의 느낌이 통일되게 되면서 마음챙김의 장이 호흡에서 몸으로 확대되기 때문이다. 호흡에 대한 마음챙김과 신념처 수행이 결합된 형태로 진행되어 「안반수의경」에 나오는 지침대로 호흡과 신념처 수행이 결합된 형태로 이루어지게 된다. 호흡에 대한 마음챙김 수행이 성숙되어 집중이 신장되면 몸의 작용(신행)도 가라앉고 삼매의 요소들인 희열과 행복도 계발된다. 이것은 '온몸'을 문자 그대로의 의미로 받아들이고 수행할 경우 호흡에 대한 명상 수행이 사념처 수행과 결합된 형태로 이뤄지는 방향으로 전개된다는 것을 뜻한다.

저자는 「대념처경」과 「안반수의경」의 내용에 비춰 볼 때 호흡에 대한 마음챙김 수행은 사념처 수행과 결합된 형태로 이뤄지도록 발전하는 것이 바람직하다고 생각한다. 이것은 사마타와 위빠사나를 고루 수행하게 되는 것을 말한다. 「대념처경」을 보면 마음챙김 명상법은 먼저 사마타 수행을 닦아 삼매를 계발하고 이어서 사마타와 위빠사나를 병행하는 수관隨觀을 닦고 나아가 삼매의 힘의 지원을 받아 위빠사나를 수행하여 통찰지의 계발에 이르는 과정을 함축하는 것으로 이해된다. 이러한 견지에서 호흡에 대한 마음챙김 명상을 통해 마음챙김의 장이 몸으로 확대되는 것이 중요하다. 왜냐하면 연기법, 무상, 고, 무아 같은 법의 통찰은 신념처를 비롯하여 수념처, 심념처, 법념처의 장에서 일어나고 사라지는 것들을 관찰하는 위빠사나 수행을 전제로 하기 때문이다. 「대념처경」을 보면 호흡에 대한 마음챙김 수행에 이어서 몸의 작용(신행)을 대상으로 수행하는 가르침이 나타나기 때문이다. "온몸을 경험하면서"의 의미가 호흡의 시작과 중간과 끝이라고 받아들이고 수행하는 것이 완전히 그릇된 길로 이끈다고 생각하지는 않는다. 그러나 그러한 해석은 사마타 수행 일변도로 치우쳐 신통력이 계발되는 결과로 이어질 것이다. 경장에 보면 사마타 수행에 의해 길러진 신통력에 대한 언급이 나타나지만 신통력이 붓다의 명상법의 목표는 아니다. 붓다가 「삼매경」에서 사마타와 위빠사나를 모두 수행하는 것이 바람직하다고 설한 것 외에도 오력의 가르침을 보면 다섯 가지 기능들 ― 믿음, 지혜, 삼매, 정진, 마음챙김 ― 이 균형을 유지하는 것이 바람직한데 그 균형추 역할을 하는 것은 마음챙김이다.[7] 삼매의 힘이 지나치게 강화될 경우 통찰지를 계발하는 위빠사나 수행과 병행하는데 도움이 되지 않는다.

또한 붓다가 왜 굳이 호흡의 전 과정을 설명하기 위하여 '온몸'이라는 표현을 썼을까 하는 의문이 든다. 앞에서도 언급했듯이 '온몸'을 문자 그대로의 의미로 해석하고 호흡에 대한 마음챙김 명상을 수행할 때 호흡의 흐름 전 과정에 대한 분명한 알아차림이 계발되어 '온몸'을 호흡의 시작과 중간과 끝으로 해석하고 수행할 경우와 똑같은 결과에 이르게 되기 때문이다. 결론적으로, '온몸'을 호흡의 시작과 중간과 끝으로 해석하는 것은 무리라고 생각된다.

'온몸'을 문자 그대로의 의미로 이해할 때 호흡에 대한 마음챙김 수행은 호흡을 몸의 느낌으로 알아차리게 되며 자연히 신념처 수행으로 이어지게 된다. 여기서 저자는 긴장을 대상으로 알아차리는 수행의 중요성을 환기시키고자 한다. 실제 신념처 수행에서 긴장은 주된 대상이 된다. 지구상 모든 존재를 관통하는 중력은 긴장으로 경험되며 취착의 대상이 되는 오온의 화합에 작용하는 힘 또한 긴장으로 경험된다. 위말라람시 스님과 타니싸로 스님의 수행지침에도 긴장에 초점이 맞춰진다.[8] 두 스님의 수행지침 내용을 보면 긴장을 이완하는 것을 강조하는 것을 볼 수 있다. 위말라람시 스님은 「안반수의경」에 대한 해설서에서 다음과 같이 미혹들을 다루면서 일차 대상인 호흡에 대해 마음챙김 수행을 하는 방법을 설명한다.[9]

수행자는 미혹들이 일어날 때 (…중략…) 수행의 장애들을 제어하려고 하지 않고 수행의 장애를 놓아버리고 머리에서 긴장을 풀고 마음을 평온하게 하고 마침내 "호흡에 대한 사띠" 수행으로 주의를 되돌아오게 한다. 그 결과 마음이 어떻게 작용하고 이것이 지혜의 계발로 이끄는지 분명하게 보기 시작한다.

인용문을 통해 수행에 있어 미혹된 장애들을 형성되게 하는 힘은 긴장이라는 것을 이해할 수 있다. 따라서 일차 대상인 호흡에 주의를 돌리기 전에 몸과 마음에서 긴장을 풀 필요가 있는 것이다. 그러나 저자는 긴장을 푸는 것과 더불어 긴장을 대상으로 알아차리는 것을 강조한다. 마음챙김 명상에서 모든 형성된 것들은 마음챙김과 알아차림의 대상이며 긴장을 마음챙겨 알아차리는 수행이 성숙되면 긴장의 원인을 조사하는 등 긴장에 대한 위빠사나 수행이 가능해지기 때문이다. 긴장에 대한 알아차림 없이 긴장을 푸는 것은 긴장을 억누르려는 사마타 수행에 그칠 수 있다.

수행선사들의 수행지침에는 '온몸을 경험하면서'를 문자그대로의 의미로 해석하는 저자의 견해와 일맥상통하는 수행법들이 발견된다. 온몸을 경험하면서 호흡에 대한 마음챙김 명상을 수행하면 마음챙김의 장이 몸 전체로 확대되고 집중이 신장되면 호흡의 느낌이 몸 전체로 확장된다는 것을 골자로 한다. 타니싸로 스님의 수행지침을 보면 알아차림conscious awareness을 몸 전체로 확대시키라는 내용이 다음과 같이 나온다.[10] "알아차림을 머리부터 발끝까지 몸 전체로 확대되도록 한다. 그리하여 거미줄 한 가운데에 앉아 있는 거미와 같이 수행자는 한 지점에 앉아 있지만 거미줄 전체에 민감하게 된다." 이 방법은 고엔카의 "스캐닝" 수행법과 유사하다.[11] 스캐닝은 병원에서 스캐닝하듯 머리끝부터 발끝까지 몸을 부위별로 나누어 주의를 기울여 그 부위에서의 몸의 느낌을 마음챙겨 알아차리는 수행이다. 스캐닝 수행은 온몸을 경험하면서 몸 전체가 마음챙김의 장에 들어오게 하는 신념처 수행의 일부라고 생각된다. 아짠 차 스님은 스캐닝 수행법이 "몸 자체를 이해하기 위한 기초행법"이라고 한다.[12] 마음챙김 명상은 몸과 마음에서 일어나는 것들을 마음챙겨 알아차려 의식을 깨어있게 하는 수행이라고 생각된다. 이러한 맥락에서 온몸을 경험하면서 마음챙김 명상을 수행하는 것은 마음챙김과 알아차림의 장이 호흡에서 시작해서 몸과 마음으로 확대되는 데 핵심이 되는 부분이라고 생각된다.

2. '안으로 밖으로'

「대념처경」(DN 22)을 보면 사념처 수행에 대한 가르침에 "안으로 몸에서 (느낌에서, 마음에서, 법에서) 몸을(느낌을, 마음을, 법을) 관찰하며 머문다. 혹은 밖으로 몸에서(느낌에서, 마음에서, 법에서) 몸을(느낌을, 마음을, 법을) 관찰하며 머문다. 혹은 안팎으로 몸에서 (느낌에서, 마음에서, 법에서) 몸을 (느낌을, 마음을, 법을) 관찰하며 머문다."라는 표현이 나타나는 것을 볼 수 있다.[13] 디가 니까야 주석서에 따르면 '안으로'는 자기 자신의 호흡이나 몸, 느낌, 마음, 법을 가리키고 '밖으로'는 남의 호흡 등을 가리킨다.[14] 그러나 저자는 「삼매경」에서 실마리를 찾아 안으로는 사마타 수행을, 밖으로는 위빠사나 수행을 가리킨다고 해석한다. 「삼매경」을 보면 "안으로 마음의 사마타는 얻었지만 위빠사나의 높은 통찰지는 얻지 못했다"라는 구절이 나온다.[15] '안으로'는 호흡이나 사념처의 대상(영역)을 정하고 마음챙김과 알아차림을 수행하여 삼매를 계발하는 사마타 수행을 닦는 것을 가리킨다. 「삼매경」에 '밖으로'라는 표현은 나오지 않고 "위빠사나의 높은 통찰지"라는 표현이 나타나는데 이것은 안으로 삼매를 얻는 사마타 수행을 닦고 난 후 밖으로 위빠사나를 수행하여 높은 통찰지의 터득으로 이어지게 되는 것을 함축하는 것으로 이해된다.

실제 수행의 맥락에서 '안으로'와 '밖으로'의 의미를 사마타 수행과 위빠사나 수행으로 이해할 때 「대념처경」의 내용이 더 일맥상통하게 이해된다. 사념처 — 몸, 느낌, 마음, 법 — 수행에 대한 내용 중에서 신념처분 — 몸에 대한 마음챙김 명상 — 에 다음과 같이 나온다.

> 이와 같이 안으로 몸에서 몸을 관찰하며 머문다. 혹은 밖으로 몸에서 몸을 관찰하며 머문다. 혹은 안팎으로 몸에서 몸을 관찰하며 머문다. 혹은 몸에서 일어나는 현상을 관찰하며 머문다. 혹은 몸에서 사라지는 현상을 관찰하며 머문다. 혹은 몸에서 일어나기도 하고 사라지기도 하는 현상을 관찰하며 머문다. 혹은 그는 '몸이 있구나.'라고 마음챙김을 잘 확립하나니 지혜만이 있고 마음챙김만이 현전할 때까지. 이제 그는 [갈애와 견해에] 의지하지 않고 머문다. 그는 세상에서 아무것도 움켜쥐지 않는다. 비구들이여, 이와 같이 비구는 몸에서 몸을 관찰하며 머문다.[16]

'안으로'를 삼매를 계발하는 사마타 수행의 의미로 해석하고 '밖으로'를 위빠사나 수행의 의미로 이해하는 것이 타당한 이유는 "안팎으로 몸에서 몸을 관찰하며 머문다"에 이어지는 지침들이 통찰지를 계발하는 위빠사나 수행에 대한 것이기 때문이다. "안팎으로 몸에서 몸을 관찰하며 머문다"는 사마타 수행과 위빠사나 수행이 결합된 형태로서 수관을 가리키며 수관은 사마타와 위빠사나를 유기적으로 닦는 체계를 가리키는 것으로 이해된다. 위 인용문의 내용을 수행법의 관점에서 정리하면 먼저 집중을 계발하는 사마타 수행을 하고 난 후 위빠사나를 수행하고 그리고 나서 사마타와 위빠사나 수행을 병행하고 점점 더 삼매의 힘의 도움으로 자유로운 위빠사나 수행에 주력하여 통찰지의 계발에 이르는 것을 나타낸다고 생각된다.

아짠 차 스님의 경우 '안으로'와 '밖으로'라는 표현을 저자가 위에 인용된 텍스트를 해석하는 의미로 쓰는 것을 볼 수 있다. 그는 그의 깨달음의 순간을 다음과 같이 묘사한다. "돌연 마음이 안쪽으로 향하는 전환이 일어났다. (…중략…) 알아차림은 안에서 잠시 중단되었다. 이윽고 마음은 다시 밖으로 빠져 나왔다. 내가 의도적으로 나오게 한 것이 아니었다. 나는 다만 관찰자, 즉 '아는 자'에 불과했다." 앞의 내용을 저자는 먼저 '안으로' 깊은 삼매의 상태를 체험하고 그리고 난 후 '밖으로' 위빠사나의 통찰지의 차원이 열린 것을 의미한다고 해석한다. '아는 자'는 차원 높은 통일적 의식(찌따citta)의 본성인 앎 자체를 의미하는 것으로 이해한다. 이러한 논의는 본 절, "아는 마음" 부분에서 보다 상세히 다뤄진다.

'안으로'와 '밖으로'의 의미는 맥락에 따라 다른 의미를 지닌다. 「대념처경」의 법념처분에 "여섯 가지 안팎의 감각장소의 법에서 법을 관찰하여 머문다"라는 표현이 나타나는데 여기서 "안

퍄"의 의미는 여섯 가지 감각장소인 육문과 각각의 대상인 육경을 의미하는 것으로 이해된다.[17] 위말라람시 스님 역시 같은 해석을 내놓는다.

3. "탐욕과 성냄을 놓아버리면서"

다음으로 붓다의 마음챙김 명상법에 대한 이론 연구와 실제 수행을 접목시킬 때 주목되는 점은 「대념처경」을 보면 신념처분, 수념처분, 심념처분, 법념처분에 각각 "세상에 대한 욕심과 싫어하는 마음을 버리면서 근면하고 분명히 알아차리고 마음챙기면서 머문다"라는 지침이 반복해서 나오는 것이다.[18] 이것은 마음의 오염원인 탐욕과 성냄을 놓아버리고 마음챙김 수행으로 미혹됨delusion 혹은 어리석음으로부터 마음을 보호하라는 뜻으로 이해된다. 따라서 실제 좌선 수행 전에 모든 탐욕과 성냄을 내려놓는 시간을 갖는 것이 중요하다. 실제로 내려놓는 수행을 꾸준히 하게 되면 내려놓음의 대상은 탐욕과 성냄에 국한되지 않고 모든 의식되는 것들의 총체 혹은 조건적으로 형성된 모든 것들이라고 표현될 수 있다. 그러한 수행에 의해 형성된 것들the formed(유위법)과 형성되지 않은 것들the Unformed(무위법)에 대한 이해가 길러지게 된다. 형성되지 않은 것들은 열반을 의미한다.[19]

본 저서에 포함된 매뉴얼에도 좌선 수행 전에 내려놓는 시간을 가지라는 지침이 포함된다. 이 맥락에서 주목할 점은 「안반수의경」을 보면 놓아버림은 법념처 수행의 마지막 주제이기도 하다. 이것은 좌선 수행 시작 전에 명상 수행을 통해 도달해야 할 마지막 단계를 생각하며 마음가짐을 다진다는 것을 의미한다. 수행자가 명상수행에 의해 도달하게 되는 경지는 좌선 수행 시작 전에 내려놓음에 의해 갖게 되는 마음상태에 달려있다고 할 수 있다. 따라서 저자는 내려놓기를 강조한다.

4. 명칭붙이기

미얀마에서 오랜 전통을 지닌 마하시 선원에서 전해지는 명상법에는 '명칭붙이기' 수행법이 포함되어 있다. 예를 들어, 숨을 들이쉬며 배가 불룩해지면 '일어남'이라고 마음속으로 주시하고, 생각을 하고 있으면 '생각'이라고, 회상을 하고 있으면 '회상'이라고, 행복을 느끼면 '행복'이라고 마음속으로 주시하라는 것이다.[20] 명칭붙이기 수행법의 장점은 시도 때도 없이 머리를 스쳐가는 망념들에 의해 흩어지는 마음이 경험되는 대상에 고정되어 집중력이 강화되도록 하는데 도움이 된다는 것이다. 그런데 명칭을 사용하는 한 번뇌를 억누르는 성격의 사마타 수행을 하는 것이다. 붓다는 그와 같이 억누르는 방식으로 마음을 고요하게 하는 사마타 수행이 무명을 타파하는 길로 이끌지 못한다는 것을 깨닫고 모든 법들을 이치대로 일어나고 사라지는대로 관하는 수행을 통해 통찰지를 얻어 무명을 타파하였다는 것을 기억할 필요가 있다.

명칭붙이기는 『청정도론』에 나타나는, 개념에 집중하는 사마타 수행법의 영향을 받은 것일 수 있다. 그러나 앞서 여러 맥락에서 해명했듯이 표상이나 개념을 취하는 사마타 수행법은 붓다의 명상법에 부합된다고 볼 수 없다. 붓다의 마음챙김 명상법은 경험되는 그대로를 마음챙겨 알아차림을 닦아 경험의 진실상을 꿰뚫어 보기 위한 것이다. 명칭을 사용하는 것은 마음이 단어를 보고 있을 뿐 직접적으로 경험하고 있는 것을 보고 있는 것이 아니다. 직접적으로 경험하는 것을 있는 그대로 마음챙겨 알아차리는 것은 마음챙김 명상의 기본이며 핵심이다. 명칭을 사용하는 것은 위빠사나 수행에 의해 가능한, 번뇌의 원인이나 성질에 대해 이해하는 것에도 저해된다.[21] 명칭을 사용하는 것은 사마타 수행에만 국한된다고 주장할 수 있다. 수행에 성숙해지면 자연히 명칭을 떨쳐버리게 되기 때문에 사마타 수행을 할 때 집중력을 계발하는데 효과적인 임시방편으로 활용하는 것일 수 있다.[22] 그런데 기억할 것은 수행에 있어 어떤 방법으로 수행했는가에 따라 한 치의 오차도 없이 그대로 결과로 이어진다는 것이다. 단기적인 시각에서 수행의 효과를 위해 마음챙김 명상의 핵심에 위배되며 붓다의 가르침에 어긋난다는 것을 알면서 방편으로 활용하는 것은 업의 문제와도 관련이 있으므로 바람직하지 않다고 생각된다. 바른 노력은 수행의 바른 법을 탐구하여 결과를 욕심내지 않고 꾸준히 수행하는 참을성에 있다.

　붓다의 명상법을 수행하려면 몸과 마음에서 일어나는 작용들을 주시하는 방법을 알아야 한다. '말하지 않으면서' 주시하도록 한다. 우리가 마음챙김 명상을 할 때 마음에는 끊임없이 말을 하고 있음을 경험하게 된다. 그러한 마음작용들이 모두 마음챙김과 알아차림의 대상이다. 이것은 수념처 수행에 속한다. 법념처 수행에는 개념을 대상으로 보는 것도 포함된다. 개념은 구경법은 아니지만 정신적 대상이기 때문이다. 위빠사나 수행을 하다보면 우리의 경험과 개념이 별개라는 것을 발견하게 된다. 법념처 수행의 목표는 개념을 통하지 않고 연기법의 이치대로 일어나고 사라지는 법들을 있는 그대로 직접적으로 아는 것이다.[23] 바른 마음챙김 명상은 마음이 경험하고 있는 것에 맨주의bare attention를 기울이고 이름을 붙이지 않고 직접적으로 아는 것을 닦는 것이다.

5. 아는 마음

마음챙김 명상의 두 핵심 기법인 마음챙김과 알아차림은 마음의 기능들이다. 실제 수행을 할 때 어떤 마음으로 마음챙김과 알아차림을 수행하는가에 따라 수행에 진전이 일어나는 속도가 달라진다. 마음챙김 명상 수행이 성숙해짐에 따라 수행자들은 깨달음에 주효한 수행법을 탐구하게 된다. 특히 열반의 직접적 계기가 되는 통찰지paññā를 얻는 데 도움이 되는 수행지침에 관심을 갖게 되는데 이 맥락에서 '아는 마음'에 초점이 맞춰지는 것을 발견하게 된다.[24] 여러 수행전통에서 공통적으로 '아는 마음'을 강조하는 것을 볼 수 있다. 본 절에서는 니까야, 상좌부 불교가 준거로 삼는 『청정도론』과 아비담마에 부각되지 않지만 실제 수행에 있어 중요시되는 '아는 마음'에 대해 이론과 실제를 통합하여 규명함으로써 실제 수행에 도움이 되고자 한다.

마음은 빨리어로 여러 단어로 표현된다. 앞에서 마음챙김과 알아차림을 다루는 2장 1절에서 마음을 의미하는 세 단어인 마노, 윈냐나, 찌따를 다룬 바 있다. 마음챙김sati은 마노mano, 意와 연관이 있다고 하였다. 좌선에 들 때 마음을 코끝에 두고 호흡을 경험되는 그대로 알아차리는 것부터 시작하는데 이때 마음챙기고 알아차리는 마음의 기능은 마노에 의한 것이다. 불교에서 마노는 여섯 번째 감각기관 즉, 육문으로 간주된다. 오관이 기능할 때 오관을 수반하는 마노는 감각기관의 대상들을 따라다니기 때문에 마음이 흩어지기 쉽다. 마음챙김 명상 수행을 통해 흩어지는 마음을 하나의 대상에 붙잡아두고 집중을 계발하기 위하여 마음을 코끝이나 전면에 두고 호흡이라는 하나의 대상에 대해 마음챙겨 알아차림을 수행하는 것이다. 호흡이라는 일차 대상을 마음챙기며 알아차리는 수행을 하여 마음(마노)을 한 곳에 붙잡아 매는 것은 삼매를 계발하기 위한 것이다.

한편, 어떤 마음으로 마음챙김과 알아차림을 수행하느냐에 따라 통찰지의 계발이 좌우된다. 마음의 삼매를 길러 삼매의 힘으로 통찰지혜를 계발할 수 있는데 이 맥락에서 수행선사들은 아는 마음으로 알아차림을 수행하라고 한다. 아짠 차 스님, 쉐우민 선원의 전통, 타니싸로 스님이 그렇다. 아는 마음은 빨리어로 윈냐나viññāa이다. 보다 구체적으로 말하면 마노-윈냐나이다. 윈냐나는 육문으로 들어오는 모든 대상을 지혜도 없고 이해도 없이 단지 아는 마음이다.[25] 아는 마음은 대상을 마음챙겨 알아차림에 의해 집중 혹은 삼매가 계발된, 통일적인 상태의 마음의 기능을 가리킨다.

이제 여러 수행전통에서 아는 마음을 어떻게 설명하는지 살펴보기로 한다. 태국의 아짠 차 스님은 아는 마음에 대해 다음과 같이 말한다.[26]

자신의 마음을 관찰할 때 '아는 마음'은 일체를 끊임없이 알아차린다. 마음은 사고하는 과정(thinking process)이자 동시에 알고 있는 마음(knowing)이기도 하다. 마음이 모든 것을 분명히 보게 되어 자체의 조건적 상황에서 풀려 나올 수 있을 때까지 매 순간 모든 상황의 원인과 결과를 반조해 보아야 한다. 마음이 다시 집착하게 되더라도 절대로 관찰을 멈추지 말고 계속해서 핵심을 꿰뚫으라. 이와 같이 '아는 마음'이 마음을 관찰해 나가면, 집착이 더 이상 발붙이지 못하며 비로소 지혜가 솟아나게 된다.

인용문의 내용을 해석해보자면, 조건적 상황에서 풀려나고 원인과 결과를 반조하고 집착을 놓아버림에 의해 지혜가 난다는 것은 위빠사나 수행에 의해 깨달음에 이르게 된다는 것을 의미한다. 그러한 차원의 아는 마음을 의미하듯 아짠 차 선사는 아는 마음을 빤냐라고 간주하며 붓다라고까지 한다.[27] 뒤에서 다뤄지겠지만 아짠 차 선사가 묘사한 대폭발의 체험에 비춰볼 때 아짠 차 선사가 의미하는 아는 마음은 끊임없이 대상을 아는 마음(마노 윈냐나)이 멈추며 자신과 대상세계를 이루는, 형성된 모든 것들이 순간적으로 무너지며kha a-bha ga 열리는, 보다 높은 차원의 의식(찌따)을 포괄하는 것으로 보인다.[28]

아는 마음으로 수행하는 방법에 대한 아짠 차 선사의 지침을 살펴보기로 한다. 그는 수행 중에 마음에 어떠한 감정이나 느낌이 일어나면 그저 놓아 버리고 그러한 느낌들이 좋든 싫든 간에 관심을 두지 말고 그냥 보내 버린 후 호흡으로 마음을 돌리라고 한다.[29] 호흡을 조절하려 하지 말고 자연 호흡의 들어옴과 나감을 계속 알아차리다 보면 마음이 고요해지고 마음은 점차로 모든 것을 내려놓고 쉬게 되고 호흡도 점점 가벼워져서 나중에는 마치 전혀 숨쉬지 않는 것처럼 희미해진다고 한다. 그리하여 심신이 가뿐해지고 힘이 충만해짐을 느끼게 되며 종국에는 오직 한 곳에 집중된 아는 마음만 남게 된다고 한다. 이 때 마음은 변화되어 고요한 상태에 도달한다고 한다. 아짠 차 선사는 '마음챙김을 지니는' 것을 강조하는데 그것은 마음상태가 어떻게 변하든 간에 끊임없이 따라다니며 관찰하는, '아는 자'가 되게 한다고 한다.[30] 아짠 차 스님이 말하는 아는 마음은 강한 삼매의 힘의 지원을 받은 위빠사나 수행에 의해 앎이 이어지는 상태로 이해된다.[31]

미얀마의 쉐우민 선원은 심념처 수행을 중요시하는 전통을 지니는데 케마왐사 스님은 『심념처Contemplation of the Mind : Practising Cittanupassana』라는 책에서 아는 마음에 대해 다음과 같이 설명한다. "단지 대상만 안다면(관찰한다면) 여러분은 개념(빤낫띠)으로부터 완전히 해방될 수 없다. 신념처나 수념처나 혹은 다른 어떤 것을 결합해서 수행하더라도 아는 마음에 도달하지 않으면 안 된다. 왜냐하면 그것이 바로 도이기 때문이다. 다른 길은 없다. 법념처 수행이란 것은, 아는 마음 즉 앎을 아는 포인트, 다시 말해서 자신의 앎을 알고 있는 포인트까지 오지 않으면 안 된다."[32] 앞의 인용문에 언급되는 아는 마음이라는 표현에 대한 혼동을 막기 위하여 '대상을 아는 마음'과 '아는 마음(앎을 아는 마음 혹은 지켜보는 마음)'을 구별할 필요가 있음을 밝힌다. 앞의 인용문의 의미를 풀어 설명하면, 우리가 대상만을 알고 아는 마음을 보지 못한다는 것은 주관과 객관이 분리된 상태에서 대상을 개념으로 아는 수준에 불과하다는 것을 뜻한다. 대상을 아는 마음은 마노에 의한 인식mano-viññāa을 말하는데 직접적인 인식은 있지만 아직 지혜가 있는 것은 아니다. 대상을 아는 마음은 삼매가 길러져 차분해지고 청정해진 마음 상태에서의 인식이라고 이해된다. 앎을 알고 있는 포인트 즉, 아는 마음에 도달하는 것이 도의 길이라는 것은 진리의 깨달음에 이른다는 것은 자신이 알고 있음을 아는, 절대적인 차원의 마음에 도달하는 것을 의미한다는 것이다. 왜냐하면 대상과 대상을 아는 마음, 둘 다를 알 때 통일된 절대적 차원의 의식의 상태에 있는 것이기 때문이다.

아는 마음이 길러지는 과정을 묘사해보면, 초보자가 마음챙김과 알아차림을 수행하다가 아는 마음으로 알아차리는 단계로 옮겨갈 때 일어나는 변화는 초보 단계에서 대상에 알아차림을 두는 식으로 대상을 찾으러 가다가 아는 마음으로 알아차리는 단계에서는 대상이 계속 마음으로 온다는 것이다.[33] 대상을 알아차리는 것이 능동적이 아니라 수동적 양상을 띠게 되며 수행자는 알고자 하는 대상을 의도적으로 선택할 필요가 없게 된다. 아는 마음으로 대상을 아는 수행이 이어져 삼매가 길러지면 마음이 고요하고 앎이 분명해져 지혜의 힘이 계발되어 마음은 점점 더 미세한 대상들이 이치대로 일어나고 사라지는대로 알게 된다. 수행은 사마타 보다는 위빠사나 성격이 강하게 된다. 그러다가 수행 수준이 높아지면 알아차림이 이어져 삼매가 아주 강해졌을 때 아는 마음으로 다가 오는 대상과 대상을 아는 마음, 둘 다를 보고 있게 된다고 한다.[34] 정리하면, 초보 단계에서 산만한 마음으로 힘주어 대상을 알아차리다가 집중이 길러지면 마음에 다가오는 대상을 아는 마음으로 알게 되며 삼매가 길러지면 대상과 대상을 아는 마음, 둘 다를 지켜보게 된다는 것이다.

쉐우민 선원의 수행전통에는 "아는 마음을 지켜보는 마음"에 대한 지침을 찾아 볼 수 있다. 여기서 아는 마음은 대상을 아는 마음이며 지켜보는 마음 즉, '한 단계 위의 마음'이란 두 가지(대상과 대상을 아는 마음)를 다 아는 마음을 가리키는 것으로 이해된다.[35] 지켜보는 마음은 상대적인 차원의 마음을 벗어난, 절대적인 차원의 마음으로 이해된다. 케마왐사 스님이 자신의 개오의 체험에 대해 묘사한 것을 보면 대상과 대상을 아는 마음, 그리고 그 둘을 지켜보는 마음의 초월적, 절대적 차원을 잘 이해할 수 있다.

의식은 대상과 분리해서 일어날 수 없기에 대상과 상관없는 것이 아니며, 대상은 의식과 분리해서 일어날 수 없기에 의식과 분리할 수 있는 것이 아니다. 지금까지의 우리의 수행은 이와 같았으며, 그것은 우리가 아는 바와 같이, 법 즉 우주적 현상이었다. 그러나 우리가 몸과 마음의 현상을 계속해서 관찰해감에 따라 이 우주의 법칙이 더 이상 성립하지 않는듯한 새로운 경험을 하게 된다. (…중략…) 통상적으로는 현상들과 일어나고 사라지던 의식이 거기 존재하지 않는다. 대신에 현상들이 거리를 두고 재빨리 일어나고 사라지는 반면에 의식은 현상들과 분리되어 가만히 멈춰 있다.[36]

우주적 현상의 경우 대상과, 그 대상과 분리되지 않은 의식이 따라 일어나고 사라지는데 개오의 순간에는 의식이 변하는 대상과 분리되어 독립적이라는 것은 초월적 절대적 차원의 의식이 열린 것을 의미한다. 저자는 대상과 대상을 아는 마음 둘 다를 지켜보는 마음 혹은 앎을 아는 마음은 수행법의 문제가 아니라 아는 마음으로 대상을 마음챙겨 알아차리는 수행에 의해 삼매가 깊어져 보다 차원 높은 마음이 열린 것이라고 생각한다.

앞의 인용문에 나타나듯 대상과 대상을 아는 마음 둘 다를 지켜보는 마음으로의 전이 과정은 대상과 마음의 이원성 보다 한 차원 높은 통일적 의식이 열리는 것으로 이해된다. 그러한 과정을 해명하기 위하여 한글로는 모두 마음으로 번역되지만 서로 다른 마음의 기능들을 의미하는 빨리어 용어들로 분석해 볼 필요가 있다. 앞의 인용문에서 의식이라고 한 것은 찌따citta, 心, consciousness로서 마음 혹은 의식으로 번역된다. 찌따는 '(대상을) 앎' 자체라고 정의내릴 수 있는데 보디 스님은 찌따는 실체 개념이 아니라 개별적인 의식적 행위a single act of consciousness를 가리킨다고 한다.[37] 종합하면 찌따는 항상 대상과 함께 일어나며 대상에 대한 앎 자체이다. 앞의 인용문에서, 의식이 변하는 대상과 분리되어 독립적인 상태에 있다고 함은 정신이 통일된 삼매 상태에서 절대적 차원의 의식이 열린 것을 의미한다고 하였다. 이러한 통일적 의식 상태 혹은 '하나'의 마음의 차원에서 찌따와 마노mano, 意와 윈냐나viññāa, 識는 모두 같은 것을 뜻하게 된다. 우리의 마음(찌따)이 그러한 통일적 상태에 이르기 전 단계에서는 마음의 감각장소의 측면, 기능의 측면, 무더기의 측면을 분석할 때 마음(찌따)은 마노의 감각장소로 나타나고, 마노의 기능으로 나타나고, 무더기의 측면에서는 알음알이의 무더기(식온)로 나타난다. 아는 마음으로 대상을 알아차리는 수행에 의해 보다 높은 차원의 의식이 열리는 경지에 이르렀을 때 찌따와 마노와 윈냐나의 구분은 해소된 상태이다.

이제 아는 마음으로 대상을 알아차리는 수행에 의해 보다 차원 높은, 나아가 절대적 차원의 의식으로의 전이가 일어나는 과정을 실제 명상 수행의 측면에서 고찰하기로 한다. 대상을 안다는 것은 마음(마노)이 대상에 가서 아는 것을 의미한다. 따라서 앞에 대상이 있어도 마음이 주의를 기울이지 않으면 알지 못한다. 개별적인 의식 행위는 찌따로 설명된다. 호흡에 대한 사마타 수행이나 일어나는 번뇌를 대상으로 객관화시켜 알아차리는 수행에 의해 삼매가 계발되어 마음이 청정해지면 차분하게 아는 마음(윈냐나)으로 알아차리는 단계에 이르게 되는데 대상들이 아는 마음에 다가오게 되어 수동적 양상을 띠고 직접적인 성격을 띤 앎으로의 전이 과정이 일어난다. 아는 마음으로 대상을 알아차리는 것은 보다 높은 차원의 의식으로의 전이의 발판이 된다. 직접적으로 아는 마음mano-viññāa으로 수행하는 것이 통찰지의 터득에 필요하다. 아는 마음으로 매 순간 알고 알고(찌따) 하다보면 보다 높은 차원의 통일된 의식으로의 전이가 일어나게 된다. 찰나 찰나의 개별적 행위 속 통일적인 하나의 마음의 차원으로의 전이는 의식(찌따)의 문제이다. 대상이 바뀜에 따라 안식, 이식, 비식, 설식, 신식, 의식mano viññāa의 형태로 알음알이가 일어나더라도 팽이의 비유처럼 직접적인 절대적 앎(찌따)이 있는 것이다.[38] 앞에서의 논의를 정리하면, 마음챙김 명상은 마노의 기능에 의해 이뤄지며 아는 마음(윈냐나)으로 대상을 아는, 개별적 의식적 행위(찌따)에 의한 앎이 찌따의 본성인 앎 자체에 의한 것일 때 통찰지(빤냐)가 계발된다.

중요한 것은 아는 마음으로 대상을 마음챙겨 알아차림이 이어지도록 수행하는 자체에 충실하다 '저절로' 개오의 체험이 오는 것이 바람직하다는 것이다. 저자는 케마왐사 스님이 말하는 지켜보는 마음 혹은 앎을 아는 마음은 수행법에 속하는 부분이 아니라 개오의 문제라고 생각한다. 열반이 수행법의 일부가 아니듯. 지켜보는 마음을 수행법의 일부로 받아들이면 지켜보는 마음 뒤에 또 다른 지켜보는 마음의 무한소급의 문제가 제기된다. 저자는 대상과 (대상을) 아는 마음을 지켜보는 마음으로 수행하는 것은 마음을 보는 것을 강조하는, 사마타 수행 성격을 띤 마음챙김 명상수행이라고 생각한다. 지혜를 닦는 위빠사나 수행이 높은 단계에 이를수록 특정한 대상이나 대상영역을 정하지 않고 이치에 따라 일어나는 것들을 아는 마음으로 알고 알고 하는 수행에 충실하게 되고 수행자의 욕심이나 의도 없이 개오의 체험이 오는 것이 도이다. 의도적으로 마음챙겨 알아차리는 수행은 조건적으로 형성된 유위법sa khata, the formed의 수준이라면 대상과 대상을 아는 마음, 둘 다를 지켜보는 마음은 의도적인 것이 아닌, 조건적으로 형성된 것이 아닌 무위법Asa khata, the Unformed의 차원이라고 생각한다.[39] 무위법은 결국 열반을 의미한다. 따라서 무위법으로 넘어가는 방법은 결국 깨달음을 얻는 방법이다. 상윳따 니까야(SN 43)에 형성된 유위법에서 형성되지 않은 무위법으로 넘어가는 여러 가지 방법들이 일목요연하게 소개된다.[40] 저자는 실제 수행에 있어서 유위법에서 무위법으로 넘어가는 비결은 「대념처경」에서 붓다가 강조하듯 탐욕과 집착을 내려놓는 마음자세라고 생각한다.[41] 이것은 팔정도 중에 의도와 연관이 있는 정사에 해당한다.[42] 깨달음에 대한 욕심에서 의도적으로 무위법을 닦을 경우 유위법을 벗어나지 못한다. 그러한 이유 때문에 저자는 대상과 아는 마음을 지켜보는 마음을 수행법에 포함시키지 않는 것이 타당하다고 생각한다.

추가적으로, 위대한 선사들의 개오의 체험을 명상 수행의 측면에서 고찰해보고자 한다. 아짠 차 선사는 개오의 순간 '대폭발'의 체험을 했다고 한다. 그는 다음과 같이 묘사한다. "돌연 마음이 안쪽으로 향하는 '전환'이 일어났다. (…중략…) 마치 스위치가 켜져 전기가 들어올 때처럼 내부에서 놀라운 전환이 일어났고 동시에 나의 몸은 굉음을 내며 폭발해 버렸다. 알아차림은 최대한도로 성성했다. (…중략…) 알아차림은 안에서 잠시 중단되었다. 이윽고 마음은 다시 밖으로 빠져 나왔다. 내가 의도적으로 나오게 한 것이 아니었다. 나는 다만 관찰자, 즉 '아는 자'에 불과했다."[43] 아짠 차 선사의 개오의 체험은 극도로 강한 삼매의 힘이 길러져 물질성을 띤 것들이 무너지는 대폭발이 일어나고 초월적 통일적 의식 상태에서 위빠사나의 힘에 의해 아는 마음 (찌따)을 아는 자로 체험한 것으로 보인다. 아짠 차 스님은 대폭발의 체험의 원동력은 삼매의 힘이라고 말한다.[44] 한편, 케마왐사 스님이 묘사한 개오의 체험에 따르면 처음에는 복부 가운데에 작은 점이 있는 것 같은 느낌이 한 순간 느껴지다가 그 점으로부터 점점 확장되어 몸 전체를 뒤덮고 의심의 여지없는 닙바나의 체험을 하게 되었다고 한다. 케마왕사 스님은 개오의 순간, 대상과 의식(마음)은 분리해서 일어날 수 없는 것이 우주적 법칙인데 그러한 우주적 법칙이 성립하지 않는, 의식이 현상들과 분리되어 가만히 멈춰 있었다고 묘사한다. 케마왕사 스님의 개오의 체험은, 아는 마음으로 대상을 알아차리는 위빠사나 수행에 의해 길러진 삼매의 힘으로 차원 높은 통일된 의식이 열린 것으로 보인다. 반면, 보디 스님은 때때로 현상들이 일어나고 사라지는 이면에 변하지 않는 아는 자가 있는 것처럼 보이다가도 수행을 지속함에 따라 굳건하고 안정된 마음도 오는 곳도 없고 가는 곳도 없이 끊어지지 않고, 찰나 찰나 일어나고 사라지는 마음의 흐름으로 해체된다고 한다. 이 경우는 사마타 수행에 의해 깊은 삼매 상태에 있다가 위빠사나 수행에 의한 찰나 삼매의 상태로 전이된 것으로 보인다. 세 사례 모두 삼매와 위빠사나의 측면을 지닌다. 개오의 체험 내용은 명상수행방법에 따라 달라진다. 같은 마음챙김 명상을 수행하더라도 수행자 개인의 기질과 성향에 따라 사마타와 위빠사나의 균형을 유지하는 양상은 다 다르게 나타난다는 것을 시사한다.

저자는 유위법 중 가장 마지막 단계의 수행법은 매 순간 일어나는 것들에 의식(찌따)이 깨어있는 상태를 유지하는 것이라고 생각한다. 앞에서 저자는 케마왐사 스님의 수행법과 관련하여, 대상과 (대상을) 아는 마음, 둘 다를 지켜보는 마음을 유위법에 포함되는 것으로 간주하기보다는 유위법의 수행에 의해 열리는 무위법 혹은 열반의 경지로 간주하는 것이 바람직하다고 말하며 앎이 있는지 없는지 지켜보는 마음을 유위법에 포함시킬 경우 지켜보는 마음을 지켜보는 마음의 무한소급의 문제가 제기된다고 주장한 바 있다. 대상과 (대상을) 아는 마음, 둘을 지켜보는 마음은 개오에 의해 경험되는 차원의 마음이라고 생각된다. 수행을 통해 대상과 마음, 둘 다를 지켜보는 마음에 이르러야 한다는 말은 맞지만 유위법의 수행체계에 무위법에 해당하는 '지켜보는 마음'을 포함시키기 보다는 유위법을 바르게 수행하여 무위법에 이르도록 바르고 체계적인 수행법을 제시하는 것이 바람직하다고 생각된다. 바른 수행은 욕심을 내려놓고 닦는데 충실한 자세로 수행하는 것이며, 내가 수행하는 단계를 넘어 이치대로 수행하는 것이며, 순간 순간 일어나는 것들을 있는 그대로 직접적으로 아는 것을 넘어 알고자 하는 의도조차 내려놓고 중도적인 자세로 매 순간 일어나는 것들에 의식이 깨어있는 수행으로 통찰 지혜가 터득되도록 하는 것이다. 수행에 대상을 알겠다는 의도가 포함되는 한, 다시 말해 유위법을 닦는 한 통찰 지혜의 터득은 오지 않는다. 붓다에 의하면 중도는 통찰 지혜의 눈을 뜨이게 한다. 순간 순간 일어나는 법들에 의식이 깨어있는 것은 대상을 알겠다는 의도를 버린, 보다 중도를 실천하는 수행법이라고 생각한다. 순간 순간 일어나는 것들에 의식이 깨어있음을 닦는 단계는 아는 마음(마노-윈냐나)으로 대상을 아는 것을 수행하는 단계와, 케마왐사 스님의 수행법에 나타나듯 유위법으로서의, 앎에 대한 의도를 가지고 대상에 대한 앎을 아는 마음 혹은 지켜보는 마음으로 수행하는 단계를 넘어선 중도적 수행법의 단계인 것이다.

끝내며

본문에서 전개된 복잡한 논의에 의해 가려질 핵심적인 내용을 간략히 정리하기로 한다. 저자는 붓다가 깨달음에 이르기까지 닦은 명상법을 탐구하고자 하였다. 붓다의 명상법인 마음챙김 명상은 사마타와 위빠사나 수행의 측면을 지니며 수행법은 공통적으로 마음챙김과 알아차림이다. 마음챙김 명상은 사마타 수행을 통해 삼매를 기르고 삼매의 힘의 지원을 받아 위빠사나 수행을 통해 통찰지의 터득에 이르는 길이다.

본서에서 경장을 일차 준거로 삼아 붓다의 명상법을 체계화하는데 있어 큰 쟁점이 된 부분은 사마타 수행 문제이다. 붓다의 명상법은 위빠사나 명상이라고 알려져 있다. 그러나 연구 결과 붓다의 명상법에는 사마타 수행의 측면과 위빠사나 수행의 측면이 있으며 마음챙김 명상의 사마타 수행은 붓다의 등장 이전에 인도아대륙에 존재해왔던 요가적 명상의 사마타 수행과 다르다는 것이 드러났다. 붓다의 명상법과 관련하여 사마타 수행에 대한 논쟁이 끊이지 않았던 것은 세계 불교계에서 권위를 인정받는 상좌부불교가 절대적 준거로 삼는 『청정도론』과 아비담마에 요가적 사마타 수행의 요소가 유입되었고 그러한 내용이 무비판적으로 수용되어 붓다의 명상법에 포함된 것으로 간주되어왔기 때문인 것으로 보인다.[1] 호흡의 개념에 집중하거나 까시나라는 표상에 집중하는 수행법은 동남아시아의 대다수의 수행선사들은 따르지 않지만 일부 수행전통이 이를 수용하였고 무엇보다도 『청정도론』과 아비담마를 무비판적으로 받아들이는 학자들이 그러한 명상법을 팔정도의 맥락에서 바른 삼매(정정)에 이르는 바른 마음챙김 명상(정념)으로 간주하였다. 표상에 집중하는 사마타 수행이 붓다의 가르침에 어긋나는 근거는 붓다의 명상법은 경험을 있는 그대로 마음챙겨 알아차리는 수행이며 감각의 제어를 위해서도 붓다는 표상이나 부분상을 취하지 말 것을 설하기 때문이다.

저자는 표상이나 개념에의 몰입을 위한 집중을 수행하는 명상법은 붓다의 등장 이전에 인도에 오랫동안 전해져 내려온 요가적 사마타 명상이 불교 전통에 유입된 것이라는 점을 어느 정도 해명하였다. 요가적 명상과『청정도론』이나 아비담마에 포함된 까시나 명상과 같은 사마타 수행법이 유사한 점을 미흡한 수준으로나마 밝혔고 역사적 배경을 고려할 때 유식불교를 통해 유입되었을 가능성 — 초기 우빠니샤드에 까시나의 전조가 나타나는 점과 무착의 저작에 까시나 명상이 언급된 점 — 을 시사하여 후속 연구의 필요성을 환기시켰다. 두 명상 전통이 싹튼 역사적 문화적 배경을 고려할 때 요가적 명상은 신과의 합일이 진리의 원천이라는 믿음 아래 힘과 지혜의 완전한 모델로서의 신의 개념에 집중함으로써 완전한 몰입 상태인 삼매에 도달하여 개념 너머의 초월 세계로의 전이를 추구한 것이다.[2] 반면 붓다는 무신론적인 성향의 소유자로서 초월 세계가 아닌 경험 세계, 현실 세계의 진실상을 꿰뚫어 보고 무명을 타파하여 번뇌로부터 자유로워지는 길을 추구하였다. 붓다는 현실세계를 등지지 않고 통찰지로써 꿰뚫어 구경법과 현실세계를 아우르는 중도를 추구한 것이다.

마음챙김 명상의 구체적인 수행체계는 네 가지 마음챙김의 확립 즉, 사념처 수행인데 몸과 마음을 몸, 느낌, 마음, 법이라는 네 가지 대상(영역)으로 나누어 마음챙김과 알아차림을 닦아 두루 정화시켜 통찰지를 계발하기 위한 명상법이다. 사념처 각각에 대한 가르침에 수관의 가르침이 나타나는데 삼매를 위한 사마타와 통찰지를 위한 위빠사나를 유기적으로 닦는 수행법이라고 이해된다. 마음챙김 명상의 목표인 통찰지는 우리가 경험하는 것들 즉, 끊임없이 연기법에 따라 일어나고 사라지는 법들의 특상인 무상, 고, 무아를 통찰하고 지혜로써 깨닫는 것이다. 지혜는 무지를 타파하기 때문에 통찰지의 터득은 무명에 의한 모든 번뇌를 소멸시켜 열반에 이르게 하는 직접적인 요인이다.

마음챙김 명상법
매뉴얼

1. 수행의 핵심

● 명상수행에 대한 올바른 이해를 계발한다.

명상은 마음이 고요하고 차분해지는 것만을 위한 것이 아니다. 마음이 고요해지는 것은 언제든 번뇌에 의해 불안정해질 수 있다. 붓다의 명상법은 번뇌의 원인인 갈애와 무명을 소멸시키기 위해 삼매와 통찰지를 모두 닦는다. 지혜란 있는 그대로를 꿰뚫어 보고 아는 것이다. 마음을 고통스럽게 하는 번뇌의 근본적 원인은 무명이므로 깨달음이 있어야 무명을 소멸시킬 수 있다. 지혜의 계발을 위해 마음이 고요한 삼매의 계발은 필수적이다.

● 끊임없이 수행한다.

명상에서 노력은 욕심을 내며 힘들게 하는 것이 아니라 포기하지 않고 인내하며 꾸준히 하는 것이다. 사람이 생명을 유지하기 위해 영양분의 섭취가 필요하듯 정신의 건강과 영적 성장을 위해서는 명상 수행이 양분과 같다.

● 긴장을 풀고 편안하게 할 수 있는 만큼 알아차린다.

수행은 그동안 안 해본 것이기 때문에 초보자들의 경우 어렵게 생각하고 힘들여 하기 쉽다. 명상은 불필요한 지적 활동을 지양하고 아무 노력없이 있는 그대로를 꿰뚫어보고 아는 상태로 회귀하는 것이다. 모든 번뇌의 원인은 탐욕, 성냄, 어리석음이라는 마음의 오염원들이므로 좌선 수행을 시작하기 전에 욕심을 내려놓는 시간을 갖고 마음을 비우도록 한다. 그리고는 긴장을 풀고 편안하게 알아차리기 쉬운 대상부터 할 수 있는만큼 마음챙김과 알아차림을 수행한다. 긴장을 풀고 마음이 편안할수록 마음챙김과 알아차림 수행이 잘 이루어진다.

● 바른 마음가짐을 갖도록 한다.

번뇌들을 좋아하거나 싫어하지 말고 자신의 모든 체험을 있는 그대로 받아들인다. 좋은 상태가 일어나기를 원하는 마음은 탐심으로 수행하는 것이며 번뇌가 사라지기를 바라는 마음은 진심(성냄)으로 수행하는 것이다. 탐심이나 진심으로 수행하지 말고 모든 체험을 받아들이는 마음 자세를 갖추는 것이 지혜의 계발에 도움이 된다.

● 모든 것들을 '평등한' 대상으로 대한다.

대상에 대해 좋아하거나 싫어하는 마음을 가지지 말고 모든 것들은 다 '평등한' 대상이라고 생각하고 마음챙김과 알아차림을 수행한다. 장미꽃도 잡초도 퇴비도 모두 이치대로 일어난 평등한 것들이다. 우리의 마음이 구별하는 것이다. 그러한 자세는 중도를 기르고 통찰지의 계발에 도움이 된다. 번뇌를 대할 때는, 번뇌에 대해 중요한 것은 그 특성을 이해하는 것이지 회피하는 것이 아님을 명심한다. 수행의 관건은 현재 일어나고 있는 것과 온 마음으로 함께 머무는 것이다.

2. 수행 지침

- 밖에서 일어나는 일, 수행하기 전에 일어난 일, 수행이 끝나고 할 일 등 모든 것들로부터 마음이 홀가분해지도록 내려놓는 시간을 갖는 다. 수행에 성숙한 수행자는 모든 의식되는 것들을 내려놓는다.

- 밖으로 향하는 마음을 안으로 끌어들인다.

- 좌선에 들기 시작하면 마음상태를 살핀다. 걱정, 근심, 불안, 초조, 긴장, 두려움, 성급함, 탐심, 진심嗔心을 살핀다.

- 눈으로 수행하지 말고 마음으로 수행한다. 마음이 대상에 향하는 지, 주의를 기울이는지 살핀다.

- 수행 중에 필기하지 말라. 수행이 사라져버린다.

- 자세는 중요하다. 자세가 흐트러지면 느낌으로 알아차리고 바른

자세로 돌아가도록 한다.

- 노력은 편안한 노력을 말하지 긴장하는 노력이 아니다.

- 수행은 우리의 몸과 마음에서 일어나는 것들의 본성을 있는 그대로 알기 위한 것이므로 자신의 몸과 마음에서 일어나는 것들을 있는 그대로 단순히 주시하도록 한다.

- 내가 수행하지 말고 이치대로 수행하도록 한다.

- 아는 마음으로 대상을 알도록 한다. 대상이 마음에 다가오도록 한다. 아는 마음으로 대상을 아는 것이 이어지도록 한다.

- 마음챙김 명상 수행이 성숙되면 아무것도 하지 않을 정도로 힘들이지 않고 수행하게 된다. 알아차림조차 놓아버리고 깨달음에 대한 욕심 없이 수행 자체에 충실하도록 한다.

- 개념을 통하지 않고 직접 그것을 경험하고 있다면 그것이 빠라마타(구경법)이다.

- 말하고 행동하고 생각할 때 사띠(마음챙김)가 늘 있도록 한다.

3. 좌선 수행

좌선 자세를 취하기 위한 스트레칭

양다리를 벌리고 가장 무리가 가는 부위(가랑이, 허리 등)에 마음을 집중하고 숨을 들이쉰 후 입으로 천천히 숨을 내쉬면서 1mm씩 움직이듯 천천히 상체를 구부린다. 이 때 숨을 내 쉴 때 모든 부정적인 요소들(독가스, 부정적 생각 등)을 몸 밖으로 내보낸다는 자기 암시를 해도 좋다. 상체를 앞으로 구부릴 때 꼬리뼈부터 허리 사이의 부위를 구부리는 것이 중요하다. 허리 위 부분만 든다는 생각으로 상체를 들어준다. 그리고 양 어깨를 뒤로 빼고 턱을 집어넣고 고개를 살짝 든다. 그러면 척추가 가지런히 놓이는 자세를 취하게 된다.

내려놓음

명상 수행을 시작하기 전에 과거와 미래로 달아나는 마음을 '지금 여기' 머물게하기 위해서 모든 욕심과 회한을 내려놓는 시간을 갖는다. 취지는 수행시간만큼은 일상생활에서 일어나는 모든 일들로부터 몸과 마음이 홀가분해지고 자유로워지도록 하여 명상 수행에 집중하고 헌신하는 마음 자세를 갖기 위한 것이다. 내려놓기를 할 때 삼배를 하면 보다 효과적이다. 과거의 좋은 수행 체험에 대한 집착도 버리고 매 번 새롭게 수행에 임하며 수행지침에 따라 수행하도록 한다.

좌선 자세

양다리는 평좌 자세(두 발을 앞뒤로 나란히 놓음)를 취하고 상체를 꼬리뼈 부위부터 앞으로 쭉 뺀 다음 허리 위부분만 수직으로 세우도록 한다. 둔부 끝에 방석을 고여주면 자세가 안정된다. 어깨를 아래로 내린 상태에서 양 어깨를 뒤로 빼고 턱은 몸쪽으로 붙인 상태에서 고개를 살짝 든다. 바른 좌선 자세를 취하는 것이 건강에도 좋고 명상 수행에도 도움이 되지만 현재 몸의 상태에서 굳으면서도 편한 자세 사이의 균형을 찾아 자세를 취하다보면 점점 더 바른 자세를 편하게 느끼게 변화가 일어나게 된다.

좌선 수행 시간

초보 수행자는 15분 정도, 경험자는 40분~1시간 정도 자세를 바꾸지 않고 좌선 수행을 한다. 초보 수행자가 심한 고통을 참을 수 없을 때 자세를 바꾸기 전에 의도를 알아차리고 자세를 바꾸도록 한다.

좌선 수행법

좌선 수행 시작 전에 모든 욕심과 걱정, 근심을 내려놓는 시간을 가져 마음을 비운 후 온 마음을 코끝(콧구멍과 인중 사이)에 두고 문지기처럼 호흡을 마음챙겨 알아차린다. 들숨과 날숨을 경험되는 그대로 길면 길다고 짧으면 짧다고 알아차린다. 호흡을 인위적으로 만들 필요가 없이 불규칙적이면 불규칙적인대로 자연호흡을 알아차린다. 초보 단계에서 호흡이 불편해질 수 있다. 이것은 호흡에 주의를 기울임으로써 호흡이 방해를 받아 그런 것이다. 호흡이 불편할 때는 다른 대상을 알아차리다가 호흡으로 돌아와 자연호흡을 알아차리도록 한다. 얼마간 그러한 과정을 거치면 호흡에 대한 마음챙김 명상을 편안하게 할 수 있게 될 것이다.

호흡을 알아차릴 수 있게 되면 다음 단계는, 온몸을 경험하면서 호흡의 흐름을 따라 알아차리도록 한다. 잡생각이 일어나면 성내는 마음을 내지 말고 일차 대상인 호흡으로 돌아와 호흡에 대한 알아차림이 이어지도록 한다. 알아차림 수행에 탄력이 생기면 잡생각에 의해 끊기는 시간의 길이와 빈도가 짧아지고 호흡에 대한 알아차림이 분명해질 것이다. 호흡이 꽉 찬 것같고 호흡의 흐름이 분명하게 알아차려지면 몸의 느낌에 주의를 기울인다. 호흡을 경험 되는대로 알아차리는 것은 느낌을 알아차리는 것이고 호흡을 느낌으로 알아차리다 보면 몸 전체가 알아차림의 장이 된다. 몸의 느낌, 특히 긴장을 많이 알아차리도록 한다. 그렇게 몸에서 일어나고 사라지는 느낌을 대상으로 알아차리는 위빠사나 수행을 하다 보면 점점 더 온몸의 느낌이 미세해지며 알아차림이 이어져 삼매가 계발된다. 위빠사나의 힘이 강화되어 긴장을 보면 사라지게 된다.

수행에 성숙한 수행자는 온몸을 경험하면서 호흡의 전 과정을 느낌으로 분명하게 알아차리며 잡념이나 생각을 짓는 작용이 일어나면 그것을 피하지 말고 그저 대상으로 알아차리고 호흡으로 돌아오도록 한다. 잡념이 있으면 있다고 알아차리고 없으면 없다고 알아차리고 호흡으로 돌아오도록 한다. 마음의 반응, 의도 등도 대상으로 알아차린다. 마음에 근심, 걱정, 불안, 초조, 긴장, 탐욕, 성냄 등도 대상으로 알아차린다.

수행에 성숙한 경우 감각적 즐거움을 쫓는 성향, 악의, 나태, 들뜸, 의심도 대상으로 알아차린다. 마음이 고요하고 평온해지면 그러한 마음 상태도 대상으로 알아차린다.

수행이 높은 수준에 도달하면 십이지연기를 순관과 역관으로 알아차린다. 특히 상카라(행)를 대상으로 알아차린다. 개념, 관념의 층도 대상으로 알아차린다. 내가 수행하지 말고 이치대로 수행하도록 한다. 대상은 거친 것부터 나타난다. 거친 것들이 사라지면 미세한 것들이 대상으로 나타난다. 억누르려고 하지 말고 모두 다 받아들인다는 자세로 이치대로 일어나는 법들을 있는 그대로 꿰뚫어보고 알도록 한다. 대상들이 아는 마음에 다가오는대로 힘들이지 않고 알도록 한다. 순간 순간 그렇게 대상-마음, 대상-마음만이 있도록 한다.

마음챙김 명상에 있어서 중요한 것은 대상을 알아차리는 것보다 어떤 마음으로 수행을 하는지, 마음의 질이 향상되는지가 중요하다. 따라서 수행에 숙달된 수행자는 대상을 알아차리는데 치중하는 단계를 넘어서 마음을 보는 수행을 하는 것이 공부에 큰 도움이 된다. 마음이 대상을 향하는지, 마음이 대상에 주의를 기울이는지를 살피다보면 대상에 대한 알아차림은 바르고 자연스럽게 이루어지게 된다. 아는 마음에 다가오는 대상을 수동적으로, 이치대로 알아차리게 되는 것이다. 이러한 수행법은 육문과 육경의 접촉을 마음챙겨 알아차리는 법념처 수행에 해당하는데 여섯 번째 마음의 문인 마음(마노)을 살펴보는 수행을 통해 아는 마음(마노-윈냐나)으로 수행하게 되는 것이다. 이와 같이 이치대로 일어나는 법들을 아는 마음으로 알아차리는 수행에 의해 삼매가 길러질 때 알려는 노력이 필요없이 의식이 깨어있는 식으로 수행이 이루어지게 된다. 설명하자면 삼매의 힘에 의해 대상과 아는 마음이 통일된 초월의 상태에서 평정심이 길러져 보다 중도적인 자세로 수행이 이루어지는 것이다. 저자는 아는 마음으로 알고자 하는 노력이 없이 그저 의식이 깨어있는 상태로 수행을 이어가는 것이 통찰 지혜에 이르는 유위법 중에 가장 숙달된 형태의 수행법이라고 생각한다. 중도는 통찰 지혜에 이르는 문이다. 개오의 순간이 찾아올 때까지 깨달음에 집착하지 말고 닦는 것 자체에 충실하며 수행하도록 한다.

4. 와선 수행

바닥에 누워 가장 편한 자세를 취한다. 팔과 다리를 약간 벌려 준다. 어깨, 고관절, 무릎 등 관절 부위를 편하게 이완시켜 준다. 최대한 편한 자세로 누워 정수리부터 발끝까지 부위별로 옮겨 가면서 부분 부분에 주의를 기울이며 그 부위에서 몸의 감각을 마음챙겨 알아차린다. 정수리, 이마, 볼, 턱, 머리뒷부분, 목, 가슴, 배, 등, 허리, 왼쪽 어깨, 팔 윗부분, 팔꿈치, 팔 아랫부분, 손목, 손, 손끝, 오른쪽 어깨, 팔 윗부분, 팔꿈치, 팔 아랫부분, 손목, 손, 손끝, 골반, 엉덩이, 왼쪽 넓적다리, 무릎, 정강이·종아리, 발목, 발, 발끝, 오른쪽 넓적다리, 무릎, 정강이·종아리, 발목, 발, 발끝 순서로 '스캐닝'을 수행한다. 정수리부터 발끝까지 '스캐닝'을 하고 나면 다시 발끝부터 정수리까지 역방향으로 스캐닝한다. 발끝부터 정수리까지 거꾸로 스캐닝하는 것은 생략해도 좋다. 정수리부터 발끝부터 '스캐닝'을 수행하고 난 후 온몸을 한꺼번에 느끼도록 한다. 온몸을 경험하면서 호흡에 주의를 기울이며 자연호흡을 마음챙겨 알아차린다. 온몸이 마음챙김의 장으로 변하며 호흡을 몸의 느낌으로 알아차린다. 그렇게 몸의 느낌과 호흡이 통일성을 띠는 것을 알아차린다. '스캐닝' 수행을 하는 동안 긴장이 풀리며 잠으로 빠질 수 있다. 잠에 빠지는 것에 대해 나쁘게 생각하거나 부끄러워할 필요는 없다. 피로해서 그럴 수도 있고 집중이 부족해서 그럴 수도 있다. 후자일 경우 좀 더 수행에 집중하여 매 순간 대상에 대한 알아차림이 있도록 한다. 그러면 잠에 빠지지 않고 몸과 마음이 깨어있게 된다.

5. 행선 수행

행선 수행을 위한 거리는 약 9~12미터 정도의 길이가 적합하다고 하지만 좁은 공간에서도 얼마든지 행선을 수행할 수 있다. 행선하기에 적합한 때는 식사 후나 잠에서 깬 후나 좌선 수행 사이가 좋다. 행선은 좌선에 들기 전에 준비단계에서 산만한 마음을 차분하게 하는 효과를 가져올 수도 있고 좌선 수행에 의해 힘들 때 행선을 함으로써 수행을 계속해서 이어갈 수 있다. 행선할 때 알아차릴 대상은 좌선할 때의 대상보다 훨씬 더 알아차리기 쉽다. 강한 감정이나 스트레스가 있어서 좌선 수행에 집중할 수 없을 때도 행선 수행에 의해 긴장을 풀고 마음의 안정을 찾을 수 있다. 따라서 수행의 초보단계에서는 좌선보다 행선이 도움이 될 수 있다. 초보 단계에서 행선이 권장되는 또 다른 이유는 초보자에게 좌선 자세를 바르게 취하고 오래 수행하기는 어렵지만 행선은 오래 할 수 있기 때문이다.

행선의 장점은 행선은 수행과 일상을 연결하는 다리역할을 한다는 것이다. 일상생활을 하며 좌선 수행을 할 수는 없지만 행선은 활용할 수 있다. 일상생활에서 좌선을 수행하기 곤란한 상황에서 강한 감정이나 스트레스가 생길 때 아무 데서나 걸으면서 행선 수행의 효과를 얻을 수 있다. 부가적인 이익으로, 행선을 꾸준히 할 때 근력의 힘과 스테미나를 키울 수 있다.

걸을 때는 팔의 움직임이 정신을 산만하게 하지 않도록 손을 앞으로 모으거나 뒤로 모은 상태에서 편안하게 걷는다. 머리를 숙이거나 뒤로 젖히지 말고 두 눈은 중심을 잡기에 좋도록 전방서너 걸음(약 2~2.5m) 떨어진 곳을 향하도록 한다. 고개를 숙이고 수행할 때 목과 어깨에 긴장이 생길 수 있으며 목 건강에 좋지 않다.

발 길이 정도의 보폭으로 자연스럽게 걷도록 한다. 모든 주의력을 몸으로 돌려 온몸을 경험하면서 발동작의 이미지나 개념, 명칭이 아닌, 느낌을 대상으로 알아차리도록 한다.

경행은 서고, 돌고, 가는 것으로 구분하여 알아차린다. 정지해 있을 때 발바닥의 느낌을 알아차리고 몸 전체가 서 있는 정지 상태를 알아차린다. 갈 때는 왼발부터 시작해서 듦-나아감-닿음 세 단계로 나누어 느낌을 알아차린다. 알아차림의 속도와 발의 동작이 어긋나지 않도록 반드시 알아차림의 속도에 맞춰 경행을 하도록 한다. 잡념이 일어나면 멈추고 마음을 다잡은 다음 마음챙김과 함께 행선을 이어가도록 한다.

길 끝에 도달하면 멈춰 서서 발바닥의 느낌을 알아차리고 정지 상태를 알아차린 후 제 자리에서 돌면서 돈다는 것을 알아차리고 다시 정지 상태에서 발바닥의 느낌을 알아차리고 정지 상태를 알아차린 후 왼발부터 걸으며 발의 동작을 알아차린다.

수행에 숙달하면 온몸을 경험하면서 발의 동작에 주의를 기울이며 알아차린다. 수행에 탄력이 붙어 알아차림이 이어지면 발의 동작의 흐름을 알아차린다.

수행에 성숙하면 발의 동작을 하기 전에 항상 의도가 일어나고 사라지는 것을 알아차리고 이해하도록 한다. 어떤 마음자세에서 어떤 의도로 경행의 동작을 하는지도 꿰뚫어 보도록 한다. 경박하거나 나태한 마음자세에서 걷겠다는 의도가 일어나지는 않는지 꿰뚫어보도록 한다.

수행에 성숙한 경우 하나의 대상에만 지속적으로 초점을 맞추려고 할 필요는 없다. 수행에 성숙해지면 알아차림에 탄력이 붙어 삼매가 길러지며 알아차림의 범위가 확장되기 때문이다. 온몸을 경험하면서 발의 동작을 알아차리면서 생각이 일어나는지 생각이 없는지를 주시해도 좋다.

수준 높은 단계에 이르면 동작의 물질적-정신적 양상과 과정을 분명히 알도록 한다. 힘들이지 말고 발의 동작에 마음이 실린 듯 대상-마음, 대상-마음만 있도록 한다.

주석

시작하며

1   붓다가 무신론자였다는 점은 그가 출가 후 찾아간 선인들에 얽힌 일화들을 통해서 알 수 있다. 그가 출가 후 찾아간 첫 번째 스승인 박가와는 천상에 다시 태어나기 위해 제의에 의존하며 고행하였으나 붓다는 다시 태어나지 않는 것이 목표였기 때문에 그에 만족하지 못해서 떠났고 그 이후 찾아간 아라다 깔라마(Ārāḍa Kālāma)와 우드라까 라마뿌뜨라(Udraka theson of Rāma)는 모두 아뜨만이 영원하다고 믿으며 요가적 명상을 통해 깊은 선정을 체험하는 법을 계발한 선사들이다. 붓다는 그들로부터 선정에 드는 명상법을 배워 실제로 선정을 체험했지만 아뜨만이 영원하다는 믿음에 집착하는 것에 실망하고 그러한 선정에 의해서는 열반에 도달할 수 없다고 생각하고 그들을 떠났다. 그리하여 붓다는 그러한 믿음에 그치지 않고 지혜로써 스스로 깨달아 속박에서 벗어나고 번뇌 없는 최상의 안온인 열반을 추구하였고 끝내 성취하였다. 아라다 깔라마(Ārāḍa Kālāma)와 우드라까 라마뿌뜨라(Udraka the son of Rāma)는 상캬·요가 수행자로 알려져 있는데 상캬·요가란 이원론의 세계관을 가지고 자기 규율과 구원을 위한 명상 수행을 강조하는 일반적 의미의 요가와 결합된 형태로 보인다. 상캬는 우빠니샤드 초기에 나타나는 범아일여의 일원론 사상에 반발하여 일어난 무신론적 이원론 철학사상인데 범아일여의 교의인 아뜨만이 영원하다는 믿음을 가지고 있었다는 점에서 두 상캬·요가 수행자는 초기의 상캬 사상을 접했던 것으로 보인다. 일아 편역,『한 권으로 읽는 빠알리 경전』, 민족사, 2009, 32~47쪽; Johannes Bronkhorst, *The Two Traditions of Meditation in Ancient India,* Delhi: Motilal Banarsidass Publishers, 2000, p.122; E. H. Johnston, *Early Sāṃkhya*, Delhi: Motilal Banarsidass, 1974, p.2; Gerald James Larson, *Classical Sāṃkhya*, Delhi: Motilal Banarsidass Publishers, 2005, p.132.

2 　본 단락의 내용은 대부분 2010년 12월 10일 개최된 '법산 큰스님 퇴임기념, 제 2차 아태불교문화연구원 학술대회'에서 발표된 황순일 교수의 논문「불교와 수행」에서 차용한 것이다.

3 　위의 글.

4 　상좌부 불교의 형성 배경을 설명하면, 불멸 직후 제 1차 결집회의가 열리고 100년 후 2차 결집회의가 열리고 기원전 3세기경 아쇼까왕 재위 시절 열린 3차 결집 회의에서 상좌부 불교가 공인된다. 붓다의 입멸 후 100년경 상좌부와 대중부의 근본분열이 시작되었다고 한다. 상좌부 불교는 붓다의 직설이거나 적어도 붓다의 직설과 가장 가깝다고 인정되는 빨리 삼장을 근본 성전으로 하여 이를 주석하고 이 주석을 다시 주석하고 이를 또 다시 주석하면서 어떤 일관된 체계를 가지고 전승되어 온 것으로 인정된다. 붓다고사 스님, 대림 스님 역,『청정도론』1, 초기불전연구원, 2011, 43쪽. 스리랑카와 간다라 지방(지금의 파키스탄의 페샤와르 지방)은 상좌부 불교의 중심지가 되었는데 스리랑카는 기원전 3세기 아쇼카왕이 스리랑카에 불교를 전파하기 위하여 아들인 마힌다 장로를 보내면서 빨리 삼장과 주석서를 전한 것이 계기가 되었다. 당시 마힌다 장로는 인도어로 된 주석서들을 스리랑카의 싱할리어로 번역하였기 때문에 그 내용이 오랫동안 인도 내의 불교의 변천과정과 무관하게 보존되었다. 설일체유부에 대해 말하면, 인도북서부 간다라지방과 카시미르 지방에 많은 추종자가 있었는데 상좌부 불교의 맥락에서 중요한 의미를 지니게 된 것은 간다라지방이 쿠샨왕조의 중심지로서 설일체유부에 심취한 카니시카왕이 기원후 1-2세기에 4차 결집회의를 소집해서 설일체유부의 기본 교설을 체계화하였기 때문이다. 기원후 1-2세기 경 쿠샨왕조의 카니시카왕의 지원으로 이 설일체유부는 인도서북부와 중앙아시아에 걸쳐 교세를 확장하였다. 참고로, 설일체유부는 현재 북방아비담마 불교의 대명사로 간주되는데 그 배경을 생각해 보면, 중국불교는 기원후 1세기 중엽 한나라때 티벳 지방을 경유하여 유입된 것으로 알려져 있는데 카니쉬카왕 재위시절 인도불교가 중국에 전해진 사실로부터 우리는 중국 불교가 설일체유부의 영향을 받은 형태의 불교라는 것을 추론할 수 있다. 붓다고사 스님, 대림 스님 역,『청정도론』1, 초기불전연구원, 2011, 42쪽; 뿔리간들라. R., 이지

수 역, 『인도철학』, 민족사, 1991, 74쪽.

5 『청정도론』은 기원후 425년 전후 붓다고사 스님에 의해 쓰여진 것으로 상좌
부 불교를 대표하는 주석서이다. 붓다고사에 의해 쓰여진 『청정도론』은, 아
쇼까왕이 인도의 불교를 스리랑카에 포교할 때 그의 아들 마힌다 장로를 통
해 빨리어로 된 삼장과 주석서들을 싱할리어로 번역하여 전했다고 하는데
그 싱할리어 주석서들의 집대성이라고 할 수 있다. 그러나 『청정도론』은 논
장인 아비담마의 주석서가 아니라 경장인 4부 니까야에 대한 주석서이다.
즉, 그는 붓다의 직설을 논의의 중심에 두었다는 것이다. 한편, 『청정도론』은
아비담마의 방법론을 통해 불교의 수행체계인 삼학 즉, 계, 정, 혜를 심도 있
게 설명하고는 있지만 아비담마에 초점을 맞추어 쓰인 책이 아니기 때문에
『청정도론』을 통해 상좌부 아비담마를 체계적으로 파악하기는 쉽지 않다.
싱할리어로 번역되어 스리랑카에 전해진 주석서들은 붓다의 직계제자들의
사상을 고스란히 담고 있다고 자부하는데 그는 저술가의 입장에서가 아니라
'편역가' 혹은 '역출가'의 입장에서 그러한 싱할리어 주석서들을 『청정도론』
에 집대성한 것으로 평가된다. 『청정도론』은 논장인 아비담마의 주석서가
아니라 경장의 주석서이지만 싱할리 주석서들의 집대성이기 때문에 붓다의
직설과 다르지 않을 수 없다. 저자는 본문에서 『청정도론』에 포함된 사마타
수행방법 중 일부는 붓다가 자신의 명상법에 대해 설한 가르침에 어긋나는
점을 보이고 있음을 밝힌다. 따라서 『청정도론』의 내용은 빨리어 경전의 내
용과 분명 차이가 있다고 보아야 한다. 붓다고사 스님, 대림 스님 역, 앞의 책,
28~49쪽 참조.

6 아비담마는 부처님의 가르침에 대한 논서이다. 남방불교에서 전해지는 초
기불교경전은 삼장으로 이루어져 있는데 경장, 율장, 논장 중에서 논장에 해
당한다. 초기불교는 불멸 후 100년까지를 말하고 불멸 후 100년가량 지났
을 때 상좌부와 대중부 사이에 근본분열이 일어났다. 붓다의 입멸 후 100년
이 지난 시기의 불교는 부파불교시대라고 할 수 있다. 아비담마는 일반적으
로 불멸 이후 2세기 동안에 지어진 것으로 여겨지고 있다. 뿔리간들라. R., 이
지수 역, 앞의 책, 80쪽 참조. 아비담마의 내용은 논리적 사고에 의해 파악하
기 어려운데 기원후 10~11세기 쯤 아누룻다(Anuruddha) 스님이 쓴 것으로

추정되는 *Abhidhammattha Saṅghaha*를 통해 체계적으로 연구될 수 있게 되었다. 그가 저자라는 것은 추정될 뿐이며 그에 대해 알려진 것이 거의 없다. 아누룻다 스님이 지은 것으로 추정되는 *Abhidhammattha Saṅghaha*(『아비담마 길라잡이』)는 아비담마에 초점을 맞추어서 체계적으로 서술한 책이므로 상좌부 아비담마를 이해하는데 도움이 된다. 아누룻다 스님, 대림 스님 · 각묵 스님 역, 『아비담마 길라잡이(*Abhidhammattha Saṅgaha*)』 1, 초기불전연구원, 2017, 26~27쪽. 국내에서는 대림 스님과 각묵 스님이 번역한 『아비담마 길라잡이』라는 서명으로 초기불전연구원에서 출판되었고 저자는 이 책을 통해 아비담마의 내용을 이해하였다. 아비담마는 '상좌부 아비담마'라고 불리는데 그것은 아비담마가 상좌부 불교를 담고 있기 때문이다. 아누룻다 스님, 대림 스님 · 각묵 스님 역, 『아비담마 길라잡이(*Abhidhammattha Saṅgaha*)』 1, 초기불전연구원, 2017, 27쪽.

7   요가적 명상에서 선정의 의미와 붓다의 마음챙김 명상에서 선정의 의미는 다르다. 2장 3절 「사마타와 위빠사나」를 참고할 것.

8   아누룻다 스님, 대림 스님 · 각묵 스님 역, 『아비담마 길라잡이』 1 · 2, 초기불전연구원, 2017.

9   『청정도론』의 형성 과정과 그 내용이 붓다의 직설과 다를 수 있다는 주장의 근거를 위해 1장 미주 5를 참조할 것.

10   『청정도론』과 아비담마가 형성되게 된 배경을 살펴보기로 한다. 이 과정에서 상좌부 불교 특히 상좌부 불교를 대표하는 설일체유부의 견해가 앞의 두 전거에 반영되게 된 배경이 드러날 것이다. 『청정도론』의 내용은 기원후 425년 전후 붓다고사가 편역가 혹은 역출가의 입장에서 장로들로부터 배우고 전승받은 싱할리어 주석서들과 인도의 간다라 지방 등에 존재하던 주석서들과 상좌부나, 스리랑카 안에 존재하던 다른 여러 전적들을 비교 검토하여 정통 상좌부의 대를 이어 내려온 대사(大寺)에서 통용되는 공식적인 견해를 중심으로 여러 학설들을 취합하고 편집해서 대사의 정통견해로 고착시킨 것이다. 아비담마를 상좌부 아비담마라고 부르는 것을 볼 때 아비담마에는 상좌부 불교의 견해가 많이 반영되어 있다고 보아야 한다. 초기불교 시대(붓다의 성도 후부터 입멸 후 100년까지) 후 상좌부와 대중부의 근본분

열 이후 상좌부 불교의 전통이 부파불교 시대를 거치면서 상좌부를 대표하는 설일체유부의 교설이 반영된 것이 아비담마에 나타나고 붓다고사에 의해 『청정도론』으로 집대성되었다고 생각한다. 붓다고사 스님, 대림 스님 역, 앞의 책, 43~49쪽; 아누룻다 스님, 대림 스님 · 각묵 스님 역, 앞의 책, 25~27쪽. 아비담마와 『청정도론』을 형성한 주체와 시기를 고찰해 보면, 아비담마가 형성된 시기는 불멸 후 200년경 혹은 기원전 3세기 후로 알려져 있고 『아비담마 길라잡이』는 기원후 10~11세기경에 아누룻다 스님에 의해 쓰여졌으며 『청정도론』은 기원후 5세기에 붓다고사 스님에 의해 쓰여졌다. 내용적으로 볼 때도 아비담마와 『청정도론』의 내용은 부파불교 시대의 설일체유부의 교의가 반영된 것으로 보인다. 상좌부 불교의 부파들 중 가장 유력했던 설일체유부(sarvastivāda)의 교의는 붓다의 직설과는 다르게 분석적이며 실재론적이다. 수많은 마음부수들의 분석, 법들의 찰나적 측면의 부각 등을 예로 들 수 있다. 붓다의 교의도 분석적인 특징을 지닌다고 평가되지만 실제 수행의 관점에서 볼 때 붓다의 근본 교의가 지니는 분석적 특징과 설일체유부의 분석적 교설과는 다른 것이라고 생각된다. 붓다의 오취온의 교의, 십이지 연기의 교의와 같이 분석적인 특징을 지니는 교의는 마음챙김 명상 수행에 의한 오취온의 해체 체험과 절대적 차원의 해탈지의 터득에서 싹튼 것이라면 설일체유부의 교설은 지각이 극도로 순화된 체험 내용으로 보인다. 저자의 견해를 정리하면, 상좌부 불교가 반영된 아비담마와 『청정도론』의 내용은 집중이 발달된 선정 상태에서의 순수한 지각적 경험을 반영하는 것으로 보이며 아비담마가 분석적으로 논하는 수많은 법들은 이원적인 지각의 대상들이라고 볼 수는 있지만 대지혜의 터득에 의한 절대적 차원의 해탈의 경지를 말하는 것은 아니라는 것이다. 각묵 스님, 『초기불교이해』, 초기불전연구원, 2013, 16쪽; 길희성, 『인도철학사』, 민음사, 1984, 65쪽. 일반적으로 붓다고사에 의해 저술된 『청정도론』을 상좌부 불교의 부동의 준거로 삼지만 저자의 견해로 아비담마와 『청정도론』의 내용은 차원 높은 지혜로써 꿰뚫어 본 연기법, 무상, 고, 무아, 중도를 강조하는 붓다의 가르침에 비해 주석서의 성격을 띤다고 본다. 많은 학자들이 아비담마의 목표는 붓다의 모든 가르침들을 요약하고 체계화하고 분석하는 것이라고 한다. 일아 편역, 『한권으로 읽는 빠알리 경전』, 민족사, 2009, 52쪽 참조(https://en.wikipedia.org/wiki/Abhidharma, 2018.11.11 검색). 삼장에 대한 주석에 의해 형성된 상좌부 불교의 위상에 대해 말하면, 저자는 붓다의 원음이 지닌 뜻을 온전히 살려내기에는 주석가의 지혜의 수준이 붓다의 수준에 미치지 못한다고 보기 때문에 둘 사이에 간극이 있다고 본다. 저자는 『청정도론』과 아비담마의 내용과 붓다가 체험한 열반의 경지 사이의 간극을 느끼면서도 설일체유부의 다음과 같은 입장을 볼 때 앞에서 언급한 간극은 부인할 수 없는 사실이라고 생각한다. 설일체유부는 우리가 대상 그 자체의 본질을 직접 지각할 수 있다고 주장한다. 다시 말해서 우리는 직접 외계의 대상을 인지하며 감관은 바른 지식을 준다는 것이다. 뿔리간들라. R., 이지수 역, 앞의 책, 81쪽. 붓다의 가르침의 참뜻을 살려내는데 중점을 두는 저자의 입장에서 설일체유부의 관점이 반영된 『청정도론』과 아비담마의 내용에 대한 저자의 비판은 나가르주나가 설일체유부의 견해를 비판하면서 붓다의 근본 교의의 참뜻을 살려내려 한 것과 일맥상통한다. 나가르주나는 중관철학으로써 대승불교의 교리적 기틀을 마련한 사람으로서 설일체유부의 실재론적 견해를 비판하며 붓다의 근본 교의인 연기에 의한 법들의 공성의 참뜻을 귀류법을 사용하여 파사현정의 중도적 의미로 되살려내려 하였다. 저자는 나가르주나의 설일체유부에 대한 비판과 그가 붓다의 교의의 참뜻을 살려내려 한 취지에 동의하지만 언어의 허구성을 드러내는 방법론을 사용한 나가르주나와는 다르게 실제 수행 — 팔정도 특히 마음챙김 명상 수행 — 에 의한 깨달음을 중시한다. 뿔리간들라. R., 이지수 역, 앞의 책, 101~103쪽. 상좌부 부파불교에 대한 다음과 같은 재평가들은 저자의 견해를 뒷받침한다. 부파 불교 시대의 특징 중 하나로 각 부파는 붓다의 교법에 대한 해석·주석은 물론이고 붓다의 설법에 대한 해석에 의거하여 자파의 교리를 체계적으로 수립하는 데 노력을 기울였는데 부파불교의 여전히 관념적인 해석이 교법 자체의 생생한 생명력을 잃게 하는 결과를 가져오기도 하였다는 평가가 있다(https://ko.wikipedia.org/wiki/%EC%95%84%EB%B9%84%EB%8B%AC%EB%A7%88, 2018.7.2 검색).

11 아비담마와 『청정도론』에 붓다의 등장 이전부터 존재했던 요가적 사마타 수행의 요소가 유입되게 된 배경을 추측하자면, 인도아대륙에서 여러 왕조가

교체되는 과정에서 상좌부 불교는 브라만교의 영향을 받기도 하고 거꾸로 영향을 미치기도 하면서 브라만교와의 상호 작용 속에서 변용발전하게 되면서 붓다의 직설과는 분명 상이한 부분을 포함하게 되었을 것으로 보인다. 저자는 이 책에서 아비담마와 『청정도론』의 형성배경을 설명하면서 두 전거에 불교 외적인 요소가 유입되게 된 배경을 추적하는 시도를 하지만 그 시도가 매우 미흡한 수준에 그치기 때문에 후속 연구가 필요하다.

12 사마타 수행과 관련하여 붓다의 원음을 담고 있는 경장의 내용과 (『아비담마 길라잡이』를 통해 이해한) 아비담마의 내용 사이의 차이를 나타내는 한 예를 들기로 한다. 경장에는 평정심이 4선정의 요소로 언급되며 집중은 따로 언급되지 않는 반면 아비담마에는 집중이 4선정의 요소로 언급되지만 평정심은 언급되지 않으며 평정심이 제5선정을 특징짓는 것으로 설명되는 것을 볼 수 있다. 저자는 아비담마에 나타나는 선정에 관한 설명에는 집중을 닦는 요가적 사마타 수행법의 측면과 평정심을 선정의 요소로 설한 붓다의 명상법이 혼재하는 것으로 본다. 대림 스님 역, 『맛지마 니까야』 1, 초기불전연구원, 2012, 203~217쪽; 아누룻다 스님, 대림 스님 · 각묵 스님 역, 앞의 책, 171쪽.

13 이중표, 『니까야로 읽는 금강경』, 민족사, 2017, 7쪽. 이 책에서 이중표는 남방불교는 아비담마 논서들에 의지하고 있는데 아비담마는 붓다의 직설이 아니라고 주장한다. 또한 남방불교의 수행법은 니까야에 의거한 수행법이 아니라 붓다고사의 『청정도론』에 의거한 수행법이라고 비판한다.

14 아비담마와 『청정도론』에 포함된 요가적 사마타 수행법에 대한 내용이 붓다와 전혀 무관하다고 볼 수는 없다. 왜냐하면 붓다는 출가 전부터 요가적 명상을 수행했었다고 알려져 있으며 출가 후에도 상캬 · 요가 수행자들을 찾아가 선정의 높은 경지인 무색계 선정에 드는 방법을 배워 실제 체험한 바 있다고 알려져 있기 때문이다. 그러나 「상와라경」(AN 4:14)에서 붓다는 감각을 제어하기 위한 사마타 수행을 위해서 표상을 취하지 말 것을 당부하고 있으며 「바야베라와경」(MN 4)에는 마음챙김과 알아차림을 통해 사선정에 들었으며 신통력 — 숙명통(宿命通), 천안통(천안통), 누진통 — 을 지니게 되었다는 내용이 나오는 것을 주목할 필요가 있다. 이 경에서 붓다는 일반적으로 사마타 수행에 의해 길러지는 신통력을 지혜(明知)로 표현하며 세 가지의 신통

력을 수반하는 지혜와 함께 사성제도 터득하고 해탈이 성취되는 지혜도 얻었다고 설하고 있다. 이것은 붓다가 행한 사마타 수행은 요가적 사마타 수행이 아닌 것을 의미한다. 왜냐하면 요가적 사마타 수행은 신통력을 얻게 하지만 사성제 등의 지혜의 터득으로 이끌지 않기 때문이다. 대림 스님 역, 『맛지마 니까야』 1, 217~223쪽; 붓다고사 스님, 대림 스님 역, 앞의 책, 43 · 47쪽.

15 http://blog.daum.net/_blog/BlogTypeView.do?blogid=0gxcH&article-no=164&categoryId=30&regdt=20131230075845, 2018.10.20 검색.

16 학자들에 따르면 경장의 내용 중 붓다의 직설로 간주되는 것들, 예를 들어 사성제, 팔정도, 칠각지, 오온, 오력, 12처 등은 마음챙김 명상법에 대한 그의 가르침을 담은 「대념처경」 등에 포함되어 있다.

17 삼학 계, 정, 혜에서 정은 선정를 가리킨다. 붓다고사 스님, 대림 스님 역, 앞의 책, 34쪽.

18 보디 스님은 마음챙김 명상은 우리 내면과 우리 주위에서 현재의 순간에 일어나는 것은 무엇이든 초연하게 관찰하는(detachted observation) 것을 닦는 것이라고 한다. Bodhi, Bhikkhu, The Noble Eightfold Path, Onalaska, 2000, p.76.

19 붓다고사 스님, 대림 스님 역, 앞의 책, 340쪽.

20 「대념처경」에 나타나듯 들숨 날숨에 대한 마음챙김 명상에 대한 가르침에서 붓다는 "길게 들이쉬면서 길게 들이쉰다고 꿰뚫어 알고"라고 설한다. 이것은 표상에 집중하는 방식이 아니라 호흡을 경험하는대로 느낌으로 아는 것을 말한다고 이해된다. 각묵 스님 역, 『디가 니까야』 2, 초기불전연구원, 2010, 498쪽. Bodhi, Bhikkhu, op.cit., p.101.

21 붓다고사 스님, 대림 스님 역, 앞의 책, 340쪽.

22 대림 스님 역, 앞의 책, 203~217쪽.

23 위의 책, 203~217쪽. 대림 스님 역, 『앙구따라 니까야』 2, 초기불전연구원, 2011, 83쪽. 참고로 수행분야에서 감각기관과 감각적 대상의 접촉을 마음챙겨 알아차리는 수행은 '육문노팅(six sense-door noting)'이라고 불린다.

24 저자는 수행법의 관점에서 볼 때 아비담마와 『청정도론』에 나타나는 요가적 사마타 수행은 「대념처경」과 「안반수의경」에 나타나는 붓다의 가르침과는 동떨어진 것이다. 전자는 표상 즉, 개념이라는 대상에 집중하는 것을 닦고 후

자는 호흡이 경험 되는대로 마음챙겨 알아차리는 것을 닦는다는 점에서 서로 다르다.

25 Bodhi, Bhikkhu, *op.cit.*, pp.75·77.

26 *Ibid.*, 100쪽.

27 표상에 집중하는 사마타 수행법이 『아비담마 길라잡이』같은 주석서와 『청정도론』에 나타나는 배경에는 슝가왕조, 쿠샨왕조, 굽따왕조를 거치면서 바라문교가 국교화되는 시대적 상황에서 바라문교 전통에 포함된 요가적 사마타 수행이 불교에 영향을 미치면서 요가를 수행하는 불교도들인 요가짜라들도 탄생하게 되고 이들의 전통이 상좌부 불교를 대표하는 아비담마 주석서(아누룻다 스님의 『아비담마 길라잡이』)와 『청정도론』에 까시나 명상과 같이 변용된 형태로 나타나게 되었을 것으로 추정된다. 표상에 집중하는 사마타 수행법이 『청정도론』과 같은 상좌부 불교 전거에 포함되게 된 것은 『청정도론』(기원후 425년 전후-)이 완성된 시기를 고려할 때 유식불교를 통해 유입된 것으로 추정된다. 저자의 이같은 추론을 뒷받침하듯 유식불교의 대가인 무착(Asaṅga)은 실제로 그의 저서에서 까시나에 대한 언급을 하고 있다고 한다. 요가적 사마타 수행이 『청정도론』에 유입되게 된 배경을 추측해 보기위한 실마리들을 설명해 보면 다음과 같다. 기원후 3~4세기 힌두 바라문 왕조인 굽타 왕조시대에 바라문교를 비롯하여 불교, 자이나교 등의 교학체계가 완성되게 되는데 이 시기에 바라문교와 연관이 있는 요가적 전통이 대승불교, 특히 유식불교의 형성에 영향을 미쳤을 것으로 추정된다. 3세기부터 『해심밀경』에 나타나기 시작하고 4세기에 무착, 세친에 의해 전성기를 맞이한 유식불교를 통해 요가적 사마타 전통이 변형된 형태로 명맥을 유지하다가 5세기경에 완성된 『청정도론』에 유입되었을 것으로 추정된다. 무착은 실제로 그의 저서 *Yogācārabhūmi*에서 까시나 명상에 대해 언급한 것으로 나타난다(https://en.wikipedia.org/wiki/kasina). 그런데 시간을 더 거슬러 올라가면 초기 우빠니샤드에서 까시나의 전조를 찾아볼 수 있다. 브리하다란야까 우빠니샤드(4.4.9).

28 부파불교 중 설일체유부의 교설이 아비담마와 『청정도론』에 압도적으로 반영되었을 가능성은 설일체유부가 가장 강세를 보였고 결과적으로 기원후 1세기 카니시카 왕에 의해 설일체유부의 기본교설이 체계화되었고 이러한 상

좌부불교의 전통이 기원후 4세기부터 6세기에 걸쳐 지속되었던, 인도고전 문화의 황금기인 굽타왕조 시대에 인도의 전통 바라문문화와 융합되는 과정을 거쳤을 것으로 보인다. 굽타왕조시대에는 인도의 전통적인 바라문교가 국교로 인정되면서 바라문교의 윤리질서가 전인도사회에 정착되는데 힌두의 요가적 명상 전통도 불교에 영향을 미쳤을 것으로 보인다. 길희성, 『인도철학사』, 민음사, 1984, 149쪽.

29 붓다는 호흡 상윳따(SN 54)에서 "만일 비구가 '몸도 피로하지 않고 눈도 피로하지 않고 나의 마음도 번뇌들로부터 해탈하게 되기를'이라고 원한다면 이러한 호흡에 대한 마음챙김을 통한 선정를 잘 마음에 잡도리해야 한다"고 설한다. 마음챙김 명상의 맥락에서 선정는 집중력이 강화된 상태로서 선정에 이르게 된다.

30 Bodhi, Bhikkhu, *op.cit.*, p.104 비교.

31 Ven. Thanissaro Bhikkhu, "Using Meditation to Deal with Pain, Illness and Death".

32 *Ibid.*; 위말라람시 스님, 연방죽선원 역, 『아나빠나사띠 숫따 – 호흡에 대한 사디와 사마디명상 수행안내』, 57쪽.

33 Bodhi, Bhikkhu, *op.cit.*, p.93.

마음챙김 명상 이론

1 아누룻다 스님, 대림 스님 · 각묵 스님 역, 『아비담마 길라잡이』 2, 초기불전연구원, 2017, 268쪽.

2 이 점에 대한 자세한 내용은 머리말을 참조할 것.

3 고요함을 뜻하는 산스크리트 용어 śamatha는 요가의 전통에서 산란한 마음을 고요하게 하는 요가명상의 특징을 가리킨다. 붓다에 의해 정립된 불교 전통에서 사마타는 빨리어로 samatha로 표기되었고 붓다의 명상법에 포함된 사마타 명상법은 요가의 사마타 명상법과는 다르다. Sir Monier Monier-Williams, *A Sanskrit:English Dictionary*, Motilal Banarsidass, 1984.

4 아누룻다 스님, 대림 스님 · 각묵 스님 역, 앞의 책, 270~271쪽.

5 정태혁, 『요가수트라』, 동문선, 2005, 11쪽.

6   요가수뜨라에는 다섯가지 형태의 마음작용이 언급되는 것을 볼 수 있다. 바른 지식, 도착, 분별, 수면, 기억이다. 그러나 요가수뜨라는 기원후 4세기에 파딴잘리에 의해 쓰여진 것이므로 붓다가 접한 요가 전통은 체계화되기 이전 형태일 것이다.

7   정태혁, 앞의 책, 15쪽.

8   요가 전통은 유구한 역사를 지닌다. 베다라는 고대 인도문화유산을 이룩한 인도-아리야인들이 인도아대륙에 발을 들이기 전에 살고 있던 선주민 드라비다인들의 문화에 속하던 것이 시간이 흐르면서 인도-아리야인들의 문화와 혼융되면서 베다의 끝 부분인 우빠니샤드에서 찾아볼 수 있게 되었다. 저자는 우빠니샤드 성립 이전에 형성된 아란야까에 제사가 아닌 명상이 두드러지게 나타나기 시작한 것도 요가가 인도-아리야인들의 문화와 혼융된 것을 나타낸다고 생각한다. 요가는 기원전 1000년경부터 성립된 것으로 보이는 초기 우빠니샤드에도 나타나며 중·후기 우빠니샤드에도 나타난다. 기원후 4-5세기 파탄잘리가 쓴 『요가수트라』에 체계화된 형태로 나타난다. 초기 우빠니샤드에는 범아일여의 일원론이 핵심 내용이지만 시간이 흐르면서 관념론적 일원론에 대한 반발로 현실주의적(realistic) 이원론이 나타나기 시작하였는데 중기 우빠니샤드에는 이러한 점을 발견할 수 있다. 초기 우빠니샤드에 나타난 범아일여의 일원론 사상은 요가 명상에서 싹튼 것으로 보인다. 상캬의 이원론적 형이상학을 수용한 형태로 요가가 붓다에게 영향을 미친 시기는 초기 말엽이라고 생각된다. 이후 까타 우빠니샤드같이 중·후기 우빠니샤드의 시기에 접어들수록 요가는 유신론적 특징을 점점 더 강하게 지니게 된다. 저자의 주장의 근거를 위해 초기 우빠니샤드인 아이따레야 우빠니샤드(3.1.2), 초기 우빠니샤드인 따이띠리야 우빠니샤드(1.6.1), 그리고 중기 우빠니샤드인 문다까 우빠니샤드(3.1.2-5)를 참조할 것.

9   일아 편역, 앞의 책, 32~47쪽; Bronkhorst, Johannes, *The Two Traditions of Meditation in Ancient India*. Delhi : Motilal Banarsidass Publishers, 2000, p.122; Johnston. E. H., *Early Sāṃkhya*, Delhi : Motilal Banarsidass, 1974, p.2; Larson, Gerald James, *Classical Sāṃkhya*, Delhi : Motilal Banarsidass Publishers, 2005, p.132.

10   상캬사상과 전통적 요가가 붓다에게 미친 영향을 간략히 설명하면, 전통적

요가는 마음의 안정만을 가져와 진리의 터득으로 이끌지는 못하지만 투명한 통찰력에 의한 진리의 터득을 위해 필수적인 마음의 정화와 선정를 강조하고 상캬사상은 실천적 수행은 취약하지만 우주를 이루는 원리들에 대한 논리적 이론이 발달한 만큼 상캬와 요가가 결합된 형태의, 당시 요가전통은 붓다의 구도의 행적에 나름대로 영향을 미쳤을 것으로 짐작된다. 이은주, 「초기 상캬사상과 인도불교수행법(위빠사나)」, 『인도연구』13-1, 한국인도학회, 2008, 287쪽.

11 아누룻다 스님, 대림 스님·각묵 스님 역, 앞의 책, 265쪽.

12 꿰뚫음에 대해 위의 책, 265·272쪽. 붓다가 마음을 고요하게 하는 요가적 명상을 수행한 후에 '통찰 명상'을 개발하게 된 배경은 요가적 명상을 통해 선정의 최고 경지를 경험하고도 다시 번뇌가 일어나는 것을 경험한 것도 있지만 좌선할 때 고통이 경험될 때 고통을 대상으로 분리시켜 볼 때 고통으로부터 자유로울 수 있다는 것을 깨달았기 때문이라고 한다.

13 각묵 스님 역, 『상윳따 니까야』5, 초기불전연구원, 2009, 101쪽.

14 빨리어 sati는 1세기 전 최초로 불교성전협회(Buddhist Text Society)의 리스 데이비스(Rhys Davids)에 의해 mindfulness로 영역되었고 지금은 일반적으로 쓰이고 있다. Chris Mace, 안희영 역, 『마음챙김과 정신건강』, 학지사, 2010, 21쪽.

15 대림 스님 역, 『앙굿따라 니까야』2, 초기불전연구원, 2011, 239쪽.

16 아짠 차, 김열권·김해양 역, 『위빠사나, 있는 그대로 보는 지혜』, 호두마을선원, 2004, 120쪽.

17 Bodhi, Bhikkhu, op.cit., p.76. 「안반수의경」(MN 118)에 칠각지의 완성분에 "잊어버림이 없는 마음챙김이 확립된다"라는 표현이 나온다. 이것은 마음챙김을 잊지 않을 때 마음챙김이 확립된다는 뜻으로 이해된다. 대림 스님 역, 『맛지마 니까야』4, 초기불전연구원, 2012, 194쪽.

18 각묵 스님 역, 『디가 니까야』2, 초기불전연구원, 2010, 32쪽.

19 Bodhi, Bhikkhu, op.cit., p.75.

20 빨리어로 된 「대념처경」 원전에는 삼인칭 단수 동사형인 pajānāti가 '알아차리다'의 의미로 쓰이는데 사념처 수행을 설명하는 부분에서 몸에서 몸을 수관

(隨觀, anupassī)할 때 "분명히 알아차리고 마음챙기는(sampajāno satimā) 자되어 머문다"라는 표현이 나온다. 마찬가지로 느낌에서 느낌을, 마음에서 마음을, 법에서 법을 수관할 때도 같은 표현이 나온다. 흔히 sampajañña가 분명한 알아차림으로 번역되어 쓰이는데 저자는 앞에 제시한 디가니까야에 나타나는 표현을 근거로 sampajāna를 사용한다. pa(강조형 접두사)라는 접두사가 쓰였으므로 분명한 알아차림의 의미를 지닌다. T. W. Rhys Davids · J. Estlin Carpenter ed., *The Dīgha Nikāya*, Pali Text Society, Luzac & Co. Ltd., 1966, p.290. 한자경 역시 알아차림을 sampajāna로 나타낸다. 한자경, 「지와 관, 선정과 사념처에 관한 고찰」, 『불교학연구』19, 불교학연구회, 2008, 83쪽을 참조.

21 Sampajāna는 동사원형 pañānā의 명사형으로 쓰인 것이다.

22 정신과 물질 혹은 대상과 마음을 관하는 것은 이원성의 특징을 지니는 것을 볼 수 있다. 앞에서 언급했듯이 붓다는 생존 당시 상캬요가 수행자들로부터 요가적 명상을 배워 선정의 최고 단계에 이르렀다는 설이 있다. 붓다의 교의에는 이원론적 특징이 나타나는데 이것은 상캬의 이원론적 형이상학의 영향을 받은 것으로 보인다. 마음의 정화(citta visuddhi, consciousness purification)과 관련하여 The Pa-Auk Tawya Sayadaw, *Knowing and Seeing* (Revised Edition II), Singapore, 2008, p.237.

23 아누룻다 스님, 대림 스님 · 각묵 스님 역, 앞의 책, 267~268쪽; Bodhi, Bhikkhu, *op.cit.*, pp.14 · 75.

24 각묵 스님 역, 앞의 책, 500쪽 참조.

25 비구 보디, 전병재 역, 『팔정도』, 고요한소리, 2009, 172 · 185 · 190쪽.

26 T. W. Rhys Davids · J. Estlin Carpenter ed., *op.cit.*, p.290.

27 Bodhi, Bhikkhu, *op.cit.*, p.26.

28 아누룻다 스님, 대림 스님 · 각묵 스님 역, 앞의 책, 272쪽.

29 아잔 차, 김열권 · 김해양 역, 앞의 책, 221쪽 참조.

30 아누룻다 스님, 대림 스님 · 각묵 스님 역, 앞의 책, 327쪽; 각묵 스님 역, 앞의 책, 501쪽. The Pa-Auk Tawya Sayadaw, *op.cit.*, pp.21~22 · 225.

31 DN 22. 각묵 스님 역, 앞의 책, 530쪽.

32 Bodhi, Bhikkhu, *op.cit.*, pp.10~11. 비구 보디, 전병재 역, 앞의 책, 33쪽.

33 고엔카(S. N. Goenk), 인경 역, 『단지 바라보기만 하라』, 경서원, 1997, 121쪽.
    The Pa-Auk Tawya Sayadaw, *op.cit.*, p.30.

34 Bodhi, Bhikkhu, *op.cit.*, p.13.

35 *Ibid.*, p.109.

36 *Ibid.*, p.109

37 *Ibid.*, p.15.

38 *Ibid.*, pp.15~16.

39 *Ibid.*, p.107.

40 *Ibid.*, p.107.

41 아누룻다 스님, 대림 스님 · 각묵 스님 역, 앞의 책, 268~269쪽.

42 Bodhi, Bhikkhu, *op.cit.*, pp.10~12.

43 *Ibid.*, p.12.

44 SN 56:11. 일아 편역, 앞의 책, 63쪽; 각묵 스님 역, 『상윳따 니까야』 6, 초기불
    전연구원, 2009, 384~385쪽.

45 고통의 교의는 붓다의 출현 당시 붓다의 활동지역에 퍼져 있던 것으로 추정
    된다. 시기적으로 볼 때 붓다는 초 · 중기 우빠니샤드에 나타나는 사상들을
    접했을 것으로 추정된다. 초기 우빠니샤드에 그러한 고통의 교의도 나타난
    다. 붓다에게 영향을 미쳤을 것으로 추정되는 상캬 사상에도 고통의 교의는
    깔려 있다. 이와 같은 상캬 사상은 문다까 우빠니샤드같이 초 · 중기 우빠니
    샤드에 나타나는 것을 볼 수 있다. 브리하다란야까 우빠니샤드(4.4.12-14).
    문다까 우빠니샤드(2.1.10).

46 각묵 스님 역, 『디가 니까야』 2, 초기불전연구원, 524~525 · 536쪽.

47 붓다는 출가 후 찾아간 스승인 아라다 깔라마에게 생로병사의 괴로움에서
    벗어나는 길을 가르쳐 줄 것을 당부하였다. 아라다 깔라마는 윤회의 원인과
    그 원인의 소멸에 대해 설명하였다. 설명의 요지는 다음과 같다. 무지, 업, 욕
    망은 윤회의 원인이며 이 원인에서 헤어나지 못하는 한 윤회에서 벗어날 수
    없다. 생사의 흐름은 원인에 의해 되풀이 되니 원인이 없으면 결과도 없다.
    바른 견해를 가진 사람은 네 가지 즉, 깨닫는 것과 깨닫지 못하는 것, 드러난
    것과 드러나지 않은 것을 바르게 구별한다면 윤회에서 벗어나 궁극의 경지

를 얻을 것이라고 하였다. 일아 편역, 앞의 책, 37쪽. 아라다 깔라마는 상캬·
요가 수행자로 알려져 있으므로 이 네 가지는 상캬 형이상학에 비춰 이해할
필요가 있다.

48 각묵 스님 역, 앞의 책, 188~189·530쪽; 위의 책, 50쪽.

49 Bodhi, Bhikkhu, *op.cit.*, p.109.

50 *Ibid.*, p.6. 붓다의 깨달음은 우빠니샤드에 담겨 있는 사상의 연장선상에서 이
    해하는 것이 바람직하다고 생각한다. 붓다가 출가 후 찾아간 바라문교를 믿
    는 선사나 자이나교도나 상캬·요가 수행자들을 통해 시대정신을 접한 것으
    로 보인다. 그러나 그는 그러한 것들을 무조건 수용한 것이 아니라 비판적 의
    식에서 새로운 사상체계와 명상법을 창안하게 되었다. 우빠니샤드에 나타나
    는 고통의 교의는 탐욕에 의한 행위의 결과 고통스러운 삶을 반복한다는 윤
    회사상, 업사상과 연관이 있으며 이욕의 중요성을 전한다. 브리하다란야까
    우빠니샤드 4.4.1-5. 짠도갸우빠니샤드 3.14.1. 이샤 우빠니샤드 1-2, 까타
    우빠니샤드 2.7 등을 참조할 것.

51 각묵 스님 역, 앞의 책, 525~526쪽; 대림 스님 역, 『앙굿따라니까야』 4, 초기
    불전연구원, 2013, 263쪽.

52 각묵 스님 역, 위의 책, 519쪽.

53 출세간(lokuttara cittāni)의 마음들은 세상(loka)을 넘어서는 과정으로 구성
    된 마음이다. 이런 유형의 마음은 생사의 윤회로부터 해탈하고 괴로움의 소
    멸인 열반의 증득과 연관이 있다. 출세간의 마음은 모두 8가지가 있는데 예
    류자, 일래자, 불환자, 아라한의 네 단계는 각각 도의 마음과 과의 마음의 두
    가지 유형으로 나누어진다. 모든 출세간의 마음의 대상은 열반이며 도(mag-
    ga)와 과(phala)의 두 가지 역할을 가진다. 아누룻다 스님, 대림 스님·각묵
    스님 역, 『아비담마 길라잡이(*Abhidhammattha Saṅgaha*)』 1, 초기불전연구원,
    2017, 188쪽과 비교. 아누룻다 스님, 대림 스님·각묵 스님 역, 『아비담마 길
    라잡이(*Abhidhammattha Saṅgaha*)』 2, 초기불전연구원, 2017, 151~152쪽.

54 각묵 스님 역, 앞의 책, 511쪽.

55 빨리 용어들은 아누룻다 스님, 대림 스님·각묵 스님 역, 『아비담마 길라잡이
    (*Abhidhammattha Saṅgaha*)』 2, 초기불전연구원, 2017, 180쪽을 참조할 것.

56 각묵 스님 역, 앞의 책, 532쪽; The Pa-Auk Tawya Sayadaw, *op.cit.*, p.17.

57 *Ibid.*, pp.29 · 237.

58 파아욱 또야 사야도 법문, 무념 역, 『사마타 그리고 위빠싸나』, 보리수선원, 2004, 233~234쪽.

59 아누룻다 스님, 대림 스님 · 각묵 스님 역, 앞의 책, 341쪽; The Pa-Auk Tawya Sayadaw, *op.cit.*, p.29.

60 The Pa-Auk Tawya Sayadaw, *Ibid.*, p.7.

61 아누룻다 스님, 대림 스님 · 각묵 스님 역, 앞의 책, 325쪽.

62 위의 책, 345쪽.

63 각묵 스님 역, 앞의 책, 501 · 530~쪽. Bodhi, Bhikkhu, *op.cit.*, p.25.

64 The Pa-Auk Tawya Sayadaw, *op.cit.*, pp.21~22 · 225.

65 Bodhi, Bhikkhu, *op.cit.*, p.15.

66 위빠사나에 의해서도 사마디가 계발되기 때문에 위빠사나-사마디를 의미하는 것이다.

67 Bodhi, Bhikkhu, *op.cit.*, p.107.

68 *Ibid.*, p.26.

69 조건지어진 것과 조건지어지지 않은 것의 개념에 대해 *Ibid.*, p.26 참조. 해체 개념에 대해서는 아누룻다 스님, 대림 스님 · 각묵 스님 역, 앞의 책, 341~342쪽 참조.

70 Bodhi, Bhikkhu, *Ibid.*, p.26.

71 *Ibid.*, p.32.

72 *Ibid.*, p.32

73 *Ibid.*, p.30.

74 *Ibid.*, pp.32 · 34.

75 *Ibid.*, p.31.

76 *Ibid.*, p.34.

77 *Ibid.*, p.36과 비교.

78 *Ibid.*, p.32.

79 *Ibid.*, p.38.

80 *Ibid.*, p.45.

81 *Ibid.*, p.45.

82 붓다고사 스님, 대림 스님 역, 『청정도론』 2, 초기불전연구원, 2011, 292쪽.

83 각묵 스님 역, 앞의 책, 537쪽을 참조.

84 Bodhi, Bhikkhu, *op.cit.*, p.49.

85 *Ibid.*, pp.49~50.

86 *Ibid.*, p.51.

87 *Ibid.*, p.55.

88 *Ibid.*, p.62.

89 아신 떼자니야(Ashin Tejaniya), 『번뇌(Don't Look Down on the Defilements They will laugh at you)』, 미얀마, 2006, 44쪽.

90 Bodhi, Bhikkhu, *op.cit.*, p.63.

91 대림 스님 역, 『앙굿따라 니까야』 2, 초기불전연구원, 2011, 81쪽.

92 위의 책, 82쪽.

93 Bodhi, Bhikkhu, *op.cit.*, p.64와 위의 책, 83쪽 비교.

94 Bodhi, Bhikkhu, *Ibid.*, p.64

95 *Ibid.*, p.64.

96 *Ibid.*, p.65.

97 AN 4 : 14. 대림 스님 역, 앞의 책, 83~쪽.

98 Bodhi, Bhikkhu, *op.cit.*, pp.67~68·79.

99 The Pa-Auk Tawya Sayadaw, *op.cit.*, p.8.

100 Bodhi, Bhikkhu, *op.cit.*, p.76.

101 *Ibid.*, p.68.

102 이것은 요가적 명상 수행 전통에서 선정에 이르는 방법과 대조적인 것이다. 요가 명상은 곧 사마타 수행이며 요가의 사마타 수행은 마음챙김 명상에 포함된 사마타 수행과 다른 특징을 지닌다. 요가 명상 전통에서 선정은 선정 보다 높은, 명상의 최고 경지를 나타낸다. 명상 수행자의 자기의식마저 사라진, 명상의 대상에의 완전한 몰입 상태에서 주객의 분리가 사라진 상태이다. 요가는 절대적 자아의 확립을 목표로 한다. 반면 마음챙김 명상에서 선정은 대

상을 객관화시켜 알아차리는 마음챙김 수행을 통해 길러진 집중의 의미로 쓰인다. 마음챙김 명상에 의한 선정(ekaggatā) 계발과 요가적 사마타 수행에 의한 선정 계발의 비교를 위해 붓다고사 스님, 대림 스님 역, 앞의 책, 124쪽; 정태혁, 앞의 책, 135~136 · 219~220쪽 참조.

103 매 순간 지속적으로 위빠사나 수행을 함으로써 길러지는 선정을 일컬어 찰나 선정라고 부른다. Bodhi, Bhikkhu, *op.cit.*, p.104; 케마왐사 스님, 오원탁 역, 『심념처』, 법보시용, 2004, 99쪽.

104 대림 스님 역, 앞의 책, 239쪽.

105 대림 스님 역, 『맛지마 니까야』 1, 초기불전연구원, 2012, 203~217쪽.

106 요가적 사마타 수행은 집중 수행이다. 마음을 하나의 대상에 고정시켜 산만한 생각이 일어나지 않도록 억눌러 마음을 고요하게 하는 선정를 개발하는 수행이다. 아누룻다 스님, 대림 스님 · 각묵 스님 역, 앞의 책, 267쪽와 비교.

107 AN 4:94. 대림 스님 역, 『앙굿따라 니까야』 2, 초기불전연구원, 2011, 241쪽; 위의 책, 268~269쪽.

108 Bodhi, Bhikkhu, *op.cit.*, p.100.

109 Ven. Thanissaro Bhikkhu, *op.cit.*.

110 각묵 스님 역, 앞의 책, 492~493쪽과 비교.

111 Bodhi, Bhikkhu, *op.cit.*, p.79.

112 비구 보디, 전병재 역, 앞의 책, 233쪽과 비교.

113 대림 스님 역, 『앙굿따라 니까야』 2, 초기불전연구원, 2011, 238~242쪽. 사마타는 안으로 선정를 기르고 위빠사나 수행은 대상을 밖으로 관찰하는 수행이라는 논의는 3장에서 상세히 다뤄진다.

114 위의 책, 240쪽.

115 아누룻다 스님, 대림 스님 · 각묵 스님 역, 앞의 책, 265쪽.

116 상좌부 불교 전통에서는 선정가 마음의 정화를 가져온다고 한다. 그러나 붓다의 가르침에 의하면 선정 상태에서 번뇌가 일어나지 않는 것은 번뇌를 억누르는 것이지 번뇌의 뿌리를 근절하는 것은 지혜라고 한다. The Pa-Auk Tawya Sayadaw, *Ibid.*, p.237.

117 Bhikkhu Bodhi tr., *The Connected Discourses of the Buddha*, Boston : Wisdom

Publications, 2000, pp.1372~1373. M. Leon Feer ed., *Saṃyutta Nikāya, part IV*, Oxford : Pali Text Society, 1990, p.360.

118 Bronkhorst, Johannes, *op.cit.*, p.75.

119 각묵 스님 역, 앞의 책, 499쪽. T. W. Rhys Davids · J. Estlin Carpenter ed., *op. cit.*, p.292; 비구 보디, 전병재 역, 앞의 책, 167~168 · 173쪽.

120 Bodhi, Bhikkhu, *The Noble Eightfold Path*, Onalaska, 2000, p.85.

121 *Ibid.*, p.86.

122 느낌과 번뇌의 관계 속에서 일어나는 변화의 과정에 대해 *Ibid.*, p.86 참조.

123 각묵 스님 역, 앞의 책, 497 · 510 · 512 · 515쪽.

124 Bodhi, Bhikkhu, *op.cit.*, pp.87~89.

125 빤냐로 발음되는 빨리어는 한자어로 반야로 음역되었다. 독자의 친숙함을 고려하여 반야라는 용어 사용.

126 붓다고사 스님, 대림 스님 역, 앞의 책, 277쪽.

127 아누룻다 스님, 대림 스님 · 각묵 스님 역, 앞의 책, 268쪽.

128 MN 4. 대림 스님 역, 『맛지마 니까야』 1, 초기불전연구원, 2012, 217쪽. 요가 적 사마타 명상에서 선정은 좀 다른 의미를 지닌다. 대상과 마음, 주관과 객 관이 완전히 통일된 상태를 의미한다. 정태혁, 앞의 책, 135쪽 참조.

129 비구 보디, 전병재 역, 앞의 책, 219쪽.

130 AN 4:92-94. 아누룻다 스님, 대림 스님 · 각묵 스님 역, 앞의 책, 267쪽. 『아 비담마 길라잡이』에 사마타는 다섯 가지 장애들을 고요하게 한다는 뜻이라 고 되어 있고, 위빠사나는 몸과 마음의 현상에 대해 무상, 고, 무아의 세 특상 을 꿰뚫는 것을 뜻한다고 되어 있다. 아누룻다 스님, 대림 스님 · 각묵 스님 역, 앞의 책, 273쪽. 초선에 들기 전에 다섯 가지 장애들(五蓋)은 극복된다.

131 위의 책, 145쪽. 선정은 요가적 명상 전통에서는 산스크리트어로 디야나 (dhyāna)로 표현되고 정려라고도 불리며 한자로 선(禪)으로 음사되었다. 요 가철학의 소의경전인 요가수뜨라(3.2)에 정려는 의식작용이 한결같이 집중 된 상태라고 되어 있다. 정태혁은 어떤 명상의 대상에 집중된 의식작용이 한 결같은 흐름이 되어 한 표상만이 마음을 점유하고 계속되는 상태라고 설명 한다. 그 대상을 의식하고 있다는 자각은 남은 상태이다. 마음의 집중을 위

한 노력의 의식이 아직 남아 있는데 이러한 의식이 자의식을 남게 한다고 한다. 그러한 자의식마저 완전히 소멸될 때 그 대상만이 의식 전체를 점령하게 되는데 이때 의식이 대상이 되며 대상과 자아의 구별이 없고 대상이 곧 자아요 자아가 곧 대상이 되는 선정의 경지에 이른다. 정태혁, 앞의 책, 218쪽. 그런데 유신론적 배경에서 싹튼 요가적 명상의 궁극적인 대상은 '지혜와 힘의 최고 완성의 모델'로서의 신이다. 절대적 차원의 의식 혹은 최고의 인격으로서의 신에 명상하는 것은 명상 수행자 자신의 불완전함으로부터 벗어나도록 고취시키고 무지와 속박으로부터 벗어나도록 도울 수 있다. 뿔리간들라 R., 이지수 역, 앞의 책, 151쪽.

132 대림 스님 역, 앞의 책, 212~217쪽.

133 비구 보디, 전병재 역, 212~213쪽 참조.

134 그러나 『아비담마 길라잡이』를 보면 선정의 구성요소로 평온 대신에 집중이 제시되며 평온은 무색계 선정에 해당하는 제5선정의 특징으로 언급된다. 그러나 붓다의 마음챙김 명상은 대상을 객관화시켜 마음챙겨 알아차림으로써 통찰지의 개발을 목표로 하므로 통찰지의 터득을 위한 전제 조건인 평온이 강조된다. 평온은 중도의 터득으로 이어진다. 아누룻다 스님, 대림 스님 · 각묵 스님 역, 『아비담마 길라잡이(Abhidhammattha Saṅgaha)』 1, 초기불전연구원, 2017, 179 · 200쪽.

135 SN 41:6. 각묵 스님 역, 『상윳따 니까야』 4, 초기불전연구원, 2009, 584쪽.

136 SN 40:5~8. MN 121. 위의 책, 539쪽; 대림 스님 역, 『맛지마 니까야』 4, 초기불전연구원, 2012, 231쪽 참조.

137 『청정도론』에 나오는, 공무변처정에 이르는 수행법에 대한 설명에 허공은 까시나를 제거한 뒤 남겨진 허공을 뜻한다고 한다. 그러나 저자는 「공에 대한 짧은 경」을 통해 공의 의미를 이해할 때 (허)공은 마을의 표상이 없음(허공)을 경험하는 상태라고 생각된다.

138 대림 스님 역, 앞의 책, 234~235쪽.

139 위의 책, 231쪽.

140 위의 책, 239쪽.

141 SN 56:11. 대림 스님 역, 『상윳따 니까야』 6, 초기불전연구원, 2009, 384~

385쪽.

142 SN 56:11. 일아 편역, 앞의 책, 63쪽 참조.

143 비구 보디, 전병재 역, 217~218쪽과 비교. Bodhi, Bhikkhu, *op.cit.*, 104~105 쪽. 아누룻다 스님, 대림 스님 · 각묵 스님 역, 『아비담마 길라잡이(*Abhidham-matthaSaṅgaha*)』 2, 초기불전연구원, 2017, 269쪽.

144 Bhikkhu Bodhi, *Ibid.*, pp.109~110. 비구 보디, 전병재 역, 위의 책, 223~224 쪽과 비교.

145 초기불교의 전통을 계승하고 있는 남방불교 전통에서는 아비담마와 아비담 마에 기초한 『청정도론』이 절대적 준거로 인정되고 있다. 『청정도론』에 계율, 선정, 지혜의 순서로 닦는 것이 권장된다.

146 아누룻다 스님, 대림 스님 · 각묵 스님 역, 앞의 책, 324쪽.

147 AN 4:93. 대림 스님 역, 『앙굿따라 니까야』 2, 초기불전연구원, 2011, 238쪽.

148 아누룻다 스님, 대림 스님 · 각묵 스님 역, 앞의 책, 141쪽.

149 각묵 스님 역, 앞의 책, 495~쪽.

150 개오의 체험에 대한 논의는 3장 「아는 마음」을 참조. 아짠 차, 김열권 · 김해 양 역, 앞의 책, 28쪽. 케마왐사 스님, 오원탁 역, 187쪽. Bodhi, Bhikkhu, *op. cit.*, p.89.

151 각묵 스님 역, 앞의 책, 523~쪽.

152 Chris Mace, 안희영 역, 『마음챙김과 정신건강』, 학지사, 2010, 21쪽.

153 AN 4. 대림 스님 역, 앞의 책, 238~239쪽.

154 각묵 스님 역, 앞의 책, 500쪽.

155 아누룻다 스님, 대림 스님 · 각묵 스님 역, 앞의 책, 136쪽; 위의 책, 494쪽.

156 대림 스님 역, 앞의 책, 240쪽.

157 꿰뚫음이란 무상, 고, 무아의 세 가지 특상을 꿰뚫는 것으로 통찰지를 뜻하는 용어라고 한다. 아누룻다 스님, 대림 스님 · 각묵 스님 역, 앞의 책, 265쪽.

158 위의 책, 296쪽.

159 요가적 사마타 수행법에 대해서는 정태혁, 앞의 책, 136쪽 참조. 『청정도론』 과 『아비담마길라잡이』에 표상에 집중하는 사마타 수행법이 포함되게 된 배 경을 살펴볼 필요가 있다. 그러한 배경에 대한 고찰은 미주 27)을 볼 것.

160 요가 철학적 배경에서 마음작용은 삼덕 — 사뜨와, 라자스, 따마스 — 의 작용도 포함한다. 정태혁, 앞의 책, 16~17쪽 참조.

161 Bodhi, Bhikkhu, *op.cit.*, pp.100~101. Ven. Thanissaro Bhikkhu, *op.cit.*.

162 대림 스님 역,『앙굿따라 니까야』2, 초기불전연구원, 2011, 82~83쪽.

163 『아비담마 길라잡이』에 개념은 구경법은 아니지만 마노의 대상인 법에 속한다고 되어 있다. 아누룻다 스님, 대림 스님 · 각묵 스님 역,『아비담마 길라잡이(*Abhidhammattha Saṅgaha*)』1, 초기불전연구원, 2017, 360쪽.

164 요가수트라에는 바른 지식, 도착, 분별, 수면, 기억 다섯 가지가 소개된다. 이 중 바른 지식같이 번뇌의 성격을 띠지 않은 것이 있고 나머지 네 가지는 번뇌의 성격을 띤 것이다. 바른 지식에는 직접적 경험에 의한 방법과 이치로 미루어서 얻는 방법, 그리고 성자의 가르침에 의한 방법이 있다. 정태혁, 앞의 책, 13쪽.

165 뿔리간들라 R., 이지수 역, 앞의 책, 151쪽.

166 그러한 초월 세계는 우빠니샤드에 잘 나타나 있다.

167 일아 편역, 앞의 책, 36~40쪽; Bronkhorst, Johannes, *op.cit.*, p.122.

168 뿔리간들라 R., 이지수 역, 앞의 책, 125쪽.

169 초기 우빠니샤드인 아이따레야 우빠니샤드(3.1.2)를 보면 붓다의 불교 교의와 일맥상통하는 내용을 찾아볼 수 있으며 중기 우빠니샤드인 문다까 우빠니샤드(3.1.2-5)를 보면 상캬 형이상학과 범아일여 사상이 뒤섞인 형태의 사상을 발견한다. 초기 우빠니샤드인 따이띠리야 우빠니샤드(1.6.1)에는 요가 수행을 통해 브라흐만과 합일을 이루는 내용이 나타난다.

170 아누룻다 스님, 대림 스님 · 각묵 스님 역,『아비담마 길라잡이(*Abhidhammattha Saṅgaha*)』2, 초기불전연구원, 2017, 268쪽.

171 The Pa-Auk Tawya Sayadaw, *op.cit.*, p.13.

172 요가적 명상에서의 선정의 의미와 마음챙김 명상에서의 선정의 의미는 다르다. 요가적 명상에서는 선정 상태를 넘어서 명상수행자의 자기의식마저 사라지고 명상의 대상인 신과 합일된 상태를 말한다. 정태혁, 앞의 책, 55쪽; 대림 스님 역, 앞의 책, 239쪽; 아누룻다 스님, 대림 스님 · 각묵 스님 역, 앞의 책, 267쪽.

173 대림 스님 역,『맛지마 니까야』1, 초기불전연구원, 2012, 216쪽.

174 대림 스님 역, 『앙굿따라 니까야』 2, 초기불전연구원, 2011, 240~241쪽; 아
    누룻다 스님, 대림 스님 · 각묵 스님 역, 위의 책, 268쪽.

175 『청정도론』을 준거로 삼는 파옥 선원의 수행법은 호흡이라는 개념에 집중한
    다. The Pa-Auk Tawya Sayadaw, op.cit., p.33.

176 요가적 사마타 명상은 표상에 마음을 집중하는 수행법으로 "시간과 관계없
    는" 추상적인 개념적 대상 하나에 마음을 지속적으로 모으는 것을 닦는다.
    따라서 『아비담마 길라잡이』에, 개념에 속하는 표상을 대상으로 마음챙김
    을 수행한다는 것은 맞지 않다. 왜냐하면 마음챙김 수행은 시간성을 띤 경험
    을 그대로 마음챙겨 알아차리는 것을 닦기 때문이다. 아누룻다 스님, 대림 스
    님 · 각묵 스님 역, 앞의 책, 296 · 311~312쪽 참고.

177 그럼에도 불구하고 요가적 사마타 수행에서 유래한 것으로 보이는 사마타
    수행법이 바른 선정에 도달하는 방법으로 논의되는 배경에는 『청정도론』이
    나 『아비담마 길라잡이』에 요가적 사마타 수행이 변용발전된 형태 — 까시
    나 명상 등 — 로 나타나기 때문이다. 상좌부 불교에서 절대적인 준거의 위치
    를 차지하는 『청정도론』이나 『아비담마 길라잡이』의 내용을 무비판적으로
    수용하여 표상에 집중하는 요가적 사마타 수행이 바른 선정에 이르는 수행
    법이라고 주장하는 것은 바람직하지 않다.

178 붓다의 가르침에 어긋나는 사마타 수행론은 붓다 이전에 존재했던 요가적
    사마타 수행 전통이 각 시대마다의 역사적 문화적 배경에서 불교와의 혼융
    과정을 거쳐 『청정도론』과 『아비담마 길라잡이』에 유입된 것으로 보인다. 불
    교와의 혼융과정은 3세기부터 나타나기 시작한 유식불교에 유입되었을 가
    능성을 말한다. 보다 자세한 설명은 「머리말」을 볼 것.

179 Bodhi, Bhikkhu, op.cit., p.104.

180 Ibid., pp.104~105.

181 AN 4. 대림 스님 역, 앞의 책, 239쪽.

182 이러한 저자의 입장을 뒷받침하는 근거를 붓다의 가르침을 담은 여러 경
    들에서 찾아볼 수 있다. 대표적으로 「삼매경」(AN 4:94)과 「바야베라와경」
    (MN: 4), 그리고 「대념처경」(DN: 22)을 들 수 있다. 「삼매경」에서는 선정
    개발을 위해 마음챙김과 알아차림을 닦으라고 하며 「바야베라와경」에서는

마음챙김과 알아차림에 의해 4선정에 드는 과정이 묘사되며 「대념처경」에
서는 호흡에 대한 명상수행법을 설명하는 맥락에서 마음챙겨 숨을 들이쉬
고 내쉬며 호흡을 경험하는 그대로 분명하게 알아차리라는 가르침이 나오며
팔정도를 설명하는 맥락에서는 바른 마음챙김 명상(정념)은 분명히 알아차
리고 마음챙기는 것이라는 가르침이 나온다. 결론적으로 사마타와 위빠사나
모두 마음챙김과 알아차림을 닦는 것이다. 이러한 결론과 일맥상통하게 「대
념처경」을 보면 사마타 수행을 위한 대표적 수행법인 호흡에 대한 마음챙김
수행뿐 아니라 위빠사나 수행 — 사마타 수행이 제외된다는 것은 아님 — 을
위한 사념처 수행을 할 때도 마음챙김과 알아차림을 동시에 닦으라는 가르
침이 나타난다.

183 한역과 영역은 각각 다음의 두 책들에서 인용하였는데 한글 용어는 부분적
으로 수정하였다. 대림 스님 역, 앞의 책, 240~241쪽; Nyanaponika Ther-
a · Bhikkhu Bodhi, *Numerical Discourses of the Buddha, An Anthology of Suttas
from the Aṅguttara Nikāya*, Altamira Press, 1999, p.103; 아누룻다 스님, 대림 스
님 · 각묵 스님 역, 앞의 책, 267쪽.

184 한역과 영역은 각각 다음의 두 책들에서 인용하였는데 한글 용어는 부분적
으로 수정하였다. 대림 스님 역, 위의 책, 240~241쪽; Nyanaponika Ther-
a · Bhikkhu Bodhi, Ibid., p.103; 아누룻다 스님, 대림 스님 · 각묵 스님 역, 위
의 책, 267쪽.

185 마음이 청정하다는 것은 사선정에 든 평정심의 상태를 의미한다. 「바야베라
와경」(MN 4).

186 각묵 스님 역, 『디가 니까야』 2, 초기불전연구원, 2010, 499쪽.

187 아누룻다 스님, 대림 스님 · 각묵 스님 역, 앞의 책, 135~136쪽.

188 전체적으로 각묵 스님의 『디가 니까야』번역본을 인용하였으며 일부 용어를
수정하였다. 각묵 스님 역, 앞의 책, 32~33쪽 참조.

189 아누룻다 스님, 대림 스님 · 각묵 스님 역, 앞의 책, 35쪽.

190 각묵 스님 역, 앞의 책, 506쪽.

191 위의 책, 511~512쪽 참조.

192 선정에 든 마음을 본삼매와 근접삼매에 든 마음으로 해석하는 것은 디가 니

까야 아타까타(Dīgha Nikāya Aṭṭhakathā)라는 주석서에 따른 것이다. 본삼매는 색계 초선정에 해당하며 근접삼매는 순수한 위빠사나 수행자가 도달하는 삼매이다. 본삼매와 근접삼매는 『청정도론』과 『아비담마 길라잡이』에는 까시나 명상과 같이 표상에 집중하는 사마타 수행을 통해 도달가능한 것으로 설명되는데 경장에 근거해 붓다의 마음챙김 명상은 경험 그대로를 알아차리는 것을 수행한다는 점을 근거로 표상에 집중하는 사마타 수행을 논의에서 배제한다. 위의 책, 514쪽; 아누룻다 스님, 대림 스님 · 각묵 스님 역, 『아비담마 길라잡이(Abhidhammatthasaṅgaha)』 1, 초기불전연구원, 2017, 167쪽 참조.

193 붓다고사 스님, 대림 스님 역, 앞의 책, 126~127쪽; 각묵 스님 역, 『상윳따 니까야』 6, 초기불전연구원, 2013, 202쪽.

194 붓다고사 스님, 대림 스님 역, 위의 책, 87쪽.

195 각묵 스님 역, 『상윳따 니까야』 3, 초기불전연구원, 2009, 74쪽.

196 각묵 스님 역, 『디가 니까야』 2, 초기불전연구원, 2010, 530쪽.

197 Bodhi, Bhikkhu, op.cit., p.85.

198 아누룻다 스님, 대림 스님 · 각묵 스님 역, 『아비담마 길라잡이(Abhidhammatthasaṅgaha)』 2, 초기불전연구원, 2017, 633쪽.

199 Bodhi, Bhikkhu, op.cit., p.76.

200 Ibid., p.78. 육문 노팅은 미얀마의 쉐우민선원에서 쓰이기도 한다.

201 T. W. Rhys Davids · J. Estlin Carpenter ed., op.cit., p.303.

202 아누룻다 스님, 대림 스님 · 각묵 스님 역, 앞의 책, 142쪽.

203 Ibid.

204 아누룻다 스님, 대림 스님 · 각묵 스님 역, 『아비담마 길라잡이(Abhidhammatthasaṅgaha)』 1, 초기불전연구원, 2017, 199~200쪽.

205 각묵 스님 역, 앞의 책, 523쪽.

206 오취온에 대한 상세한 논의는 2장 2절, 「정견 부분」을 참조할 것. 또한 오취온과 무명의 관계에 대해 대승경전에 속하는 반야심경에 잘 나타나 있다.

207 도표는 대림 스님의 번역본을 참고한 것이다. 대림 스님 역, 『맛지마 니까야』 4, 초기불전연구원, 2012, 179~199쪽; 각묵 스님 역, 『상윳따 니까야』 6, 초기불전연구원, 2009, 43~44쪽 참조.

208 번뇌, 오염원을 버림과 열반에 들어감을 의미한다. 각묵 스님 역, 위의 책, 202쪽.

209 보디 스님, 미얀마의 마하시선원, 쉐우민선원, 위말라람시 스님, 타니싸로 스님은 표상에 집중하는 수행법이 아니라 경험되는 것을 알아차리는 수행법을 따르고 있다.

210 각묵 스님 역, 『상윳따 니까야』 4, 초기불전연구원, 2009, 584쪽.

211 위말라람시 스님, 연방죽선원 역, 앞의 책, 57쪽.

212 대림 스님 역, 『맛지마 니까야』 4, 초기불전연구원, 2012, 184~185쪽.

213 위의 책, 184~185쪽; 각묵 스님 역, 『상윳따 니까야』 4, 초기불전연구원, 2009, 584쪽.

214 각묵 스님 역, 『상윳따 니까야』 6, 초기불전연구원, 2009, 201쪽.

215 위의 책, 202쪽.

이론과 실제의 접목

1 앞에 「시작하며」에서 밝혔듯이 본 저서에서 아비담마는 아누룻다 스님이 쓴 『아비담마 길라잡이』를 통해 접근하였다.

2 붓다고사 스님, 대림 스님 역, 앞의 책, 96쪽.

3 대림 스님 역, 앞의 책, 188쪽에서 재인용.

4 각묵 스님 역, 앞의 책, 584.

5 MN 118. 대림 스님 역, 앞의 책, 188~189쪽.

6 실제로 「안반수의경」에는 '몸의 작용을 편안히 하면서' 호흡에 대한 마음챙김 수행을 하라는 가르침에 이어서 나타나는 수념처분에 희열과 행복을 명상주제로 닦으라는 가르침이 나온다. 알려져있듯이 희열과 행복은 선정의 요소들이다. 위의 책, 188~189쪽.

7 아누룻다 스님, 대림 스님 · 각묵 스님 역, 『아비담마 길라잡이(Abhidhammat-tha Saṅgaha)』 2, 초기불전연구원, 2017, 141쪽.

8 위말라람시 스님, 연방죽선원 역, 앞의 책; Ven. Thanissaro Bhikkhu, op.cit..

9 위말라람시 스님, 연방죽선원 역, 위의 책, 57쪽.

10 Ven. Thanissaro Bhikkhu, op.cit..

11 이깟뿌리에 있는 위빠사나 명상센터에서 저자가 참여한 집중수행코스에 포
   함되었음. 고엔카(S. N. Goenk), 인경 역, 앞의 책 참조.

12 아잔 차, 김열권 · 김해양 역, 앞의 책, 117쪽.

13 각묵 스님 역, 『디가 니까야』 2, 초기불전연구원, 2010, 499 · 512 · 515 · 519쪽.

14 위의 책, 499쪽.

15 「삼매경」(A4:93). 대림 스님 역, 『앙굿따라 니까야』 2, 초기불전연구원,
   2011, 238쪽.

16 각묵 스님 역, 앞의 책, 499~501쪽.

17 위의 책, 523쪽.

18 위의 책, 495~497쪽; 대림 스님 역, 앞의 책, 188~189 · 192 · 194쪽.

19 The Pa-Auk Tawya Sayadaw, *op.cit.*, p.27.

20 마하시 사야도, 『실제적인 위빠사나 명상수행』, 마하시 위빠사나 명상센터,
   2005, 14~15쪽. 참고로 경장에는 호흡에 대한 명상을 할 때 특별히 배의 일
   어남과 꺼짐을 주시하라는 지침은 없다. 호흡에 대한 마음챙김을 수행하다
   보면 호흡을 몸의 느낌과 함께 알아차리게 되면서 배의 일어남과 꺼짐을 대
   상으로 알아차리게 되는데 그것을 주된 대상으로 삼지는 않는다. 저자는 호
   흡을 몸의 느낌으로 알아차릴 때 몸의 작용(身行) 중에 몸의 긴장을 주로 알
   아차리는 것을 권한다.

21 케마왐사 스님, 오원탁 역, 앞의 책, 86쪽.

22 나가르주나(용수)의 중관철학에서 명칭을 방편으로 활용하는 것에 대한 근
   거를 찾을 수 있다. 나가르주나는 개념의 허구성을 해명하면서도 방편으로
   서의 언어의 불가피성을 드러낸다. 공의 경지를 '공'이라는 개념으로 지칭하
   지 않을 수 없는 것이 현실이다. 공이라는 개념은 방편일 뿐인 것이다.

23 명칭을 붙이지 않고 주시하는 방법에 대한 수행지침을 위해 케마왐사 스님,
   오원탁 역, 앞의 책, 73~75쪽 참조.

24 통찰지에 대해 아누룻다 스님, 대림 스님 · 각묵 스님 역, 『아비담마 길라잡이
   (*Abhidhammattha Saṅgaha*)』 1, 초기불전연구원, 2017, 275쪽; 아누룻다 스
   님, 대림 스님 · 각묵 스님 역, 『아비담마 길라잡이(*Abhidhammattha Saṅgaha*)』
   2, 초기불전연구원, 2017, 272~273쪽 참조.

25 아신 떼자니야, 앞의 책, 45쪽.

26 아짠 차 스님은 만물을 있는 그대로 바라보아 놓아 버림으로써 반야의 지혜 (통찰지)에 이르는 단순명료하고 자연스러운 수행가풍을 전파한 수행선사 이다. 아짠 차, 김열권 · 김해양 역, 앞의 책, 33쪽.

27 위의 책, 223쪽.

28 위의 책, 28쪽; 각묵 스님 역, 『상윳따 니까야』 6, 초기불전연구원, 2009, 201 쪽. 아짠 차 스님의 대폭발의 체험에 대한 얘기는 본 주제 "아는 마음"에 대한 논의의 말미에 다뤄진다.

29 아짠 차 스님은 번뇌를 놓아버림을 닦으라는 의미에서 번뇌에 주의를 돌리 지 말라고 하지만 저자는 수행에 숙달된 수행자의 경우 번뇌를 알아차린 후 호흡에 주의를 돌리는 것을 권한다. 왜냐하면 번뇌를 놓아버리는 것은 번뇌 를 억누르는 성격의 사마타 수행에 해당되며 이것은 경험되는 그대로를 알 아차리는 붓다의 수행법에는 벗어나기 때문이다. 붓다의 명상법은 번뇌를 대상으로 객관화시켜 알아차리는 수행에 의해 번뇌를 다룰 줄 알게 되며 평 정심과 중도의 터득으로 이어지는 것이라고 이해된다.

30 아짠 차, 김열권 · 김해양 역, 앞의 책, 117~118쪽.

31 위의 책, 30쪽.

32 케마왐사 스님, 오원탁 역, 45쪽 비교.

33 위의 책, 47쪽

34 위의 책, 46쪽. 쉐우민 선원의 수행 전통에서는 사띠(sati)를 알아차림의 의 미로 받아들인다. 번역서에는 "사띠외 사마디가 아주 강해졌을 때"로 되어 있지만 저자가 그 뜻을 "알아차림이 이어져 삼매가 아주 강해졌을 때"로 풀 어 쓴 것이다.

35 위의 책, 45쪽.

36 위의 책, 187~188쪽.

37 Bodhi, Bhikkhu, op.cit., p.88.

38 붓다는 모든 (개념적) 존재와 개인을 다섯 가지 무더기(오온)로 분석적으로 설명하였다. 물질의 무더기(색온), 느낌의 무더기(수온), 지각표상의 무더기 (상온), 마음작용의 무더기(행온), 알음알이의 무더기(식온)이다. 식온은 찌따

와 일치하고 수온, 상온, 행온은 마음부수와 일치하며 색온은 물질과 일치한다고 한다. 마음부수는 찌따가 일어날 때 항상 수반되는 마음들이다. 오온을 더 간단히 분석하면 물질(색온)과 정신(수온, 상온, 행온, 식온)의 측면으로 나뉜다. 정신의 측면에서 수온, 상온, 행온이 소멸하면 색온과 식온이 남으며 직접적인 인식이 가능해지는 것을 의미한다. 이 경지는 멸진정이라고 한다. 오온의 교의에 대한 논의는 2장 2절 팔정도의 정견 부분에서 찾아볼 수 있다.

39 아누룻다 스님, 대림 스님 · 각묵 스님 역, 『아비담마 길라잡이(*Abhidhammattha Saṅgaha*)』 1, 초기불전연구원, 2017, 109쪽; 각묵 스님 역, 『상윳따 니까야』 5, 초기불전연구원, 2009, 99~쪽. Bodhi, Bhikkhu, *op.cit.*, pp.114~115. 비구 보디, 전병재 역, 앞의 책, 232~233쪽. The Pa-Auk Tawya Sayadaw, *op. cit.*, p.27.

40 각묵 스님 역, 위의 책, 1~2장.

41 「대념처경」에 "세상에 대한 욕심과 싫어하는 마음을 버리면서 근면하게 분명히 알아차리고 마음챙기는 자 되어 머문다"라고 되어 있으며 사념처분 각각에 "세상에서 아무 것도 움켜쥐지 않는다"고 반복적으로 나온다. 각묵 스님 역, 『디가 니까야』 2, 초기불전연구원, 2010, 495~497 · 500 · 503~ 504 · 506쪽, 507~쪽.

42 비구 보디, 전병재 역, 앞의 책, 220쪽.

43 아잔 차, 김열권 · 김해양 역, 앞의 책, 28쪽.

44 위의 책, 30쪽.

끝내며

1 붓다의 명상법에는 사마타 수행이 포함되어 있지 않다고 보는 견해도 있다. 미얀마의 쉐우민 선원의 경우가 그렇다. 이 경우 붓다의 명상법은 곧 위빠사나 명상이라고 간주된다. 이러한 경우 대상을 아는 마음은 찰나 선정의 수준은 아니더라도 위빠사나 수행에 의해 선정가 길러지며 계발되는 마음 상태이다.

2 이재숙 역, 『우파니샤드』 II, 한길사, 2010, 665쪽 참조.

참고문헌

1차 자료

각묵 스님 역, 『디가 니까야』 1, 초기불전연구원, 2012.
_____, 『디가 니까야』 2, 초기불전연구원, 2010.
_____, 『디가 니까야』 3, 초기불전연구원, 2011.
대림 스님 역, 『맛지마 니까야』 1, 초기불전연구원, 2012.
_____, 『맛지마 니까야』 2, 초기불전연구원, 2012.
_____, 『맛지마 니까야』 3, 초기불전연구원, 2012.
_____, 『맛지마 니까야』 4, 초기불전연구원, 2012.
각묵 스님 역, 『상윳따 니까야』 1, 초기불전연구원, 2009.
_____, 『상윳따 니까야』 2, 초기불전연구원, 2013.
_____, 『상윳따 니까야』 3, 초기불전연구원, 2013.
_____, 『상윳따 니까야』 4, 초기불전연구원, 2009.
_____, 『상윳따 니까야』 5, 초기불전연구원, 2009.
_____, 『상윳따 니까야』 6, 초기불전연구원, 2009.
대림 스님 역, 『앙굿따라 니까야』 1, 초기불전연구원, 2012.
_____, 『앙굿따라 니까야』 2, 초기불전연구원, 2011.
_____, 『앙굿따라 니까야』 3, 초기불전연구원, 2013.
_____, 『앙굿따라 니까야』 4, 초기불전연구원, 2013.
_____, 『앙굿따라 니까야』 5, 초기불전연구원, 2007.
_____, 『앙굿따라 니까야』 6, 초기불전연구원, 2013.
이재숙 역, 『우파니샤드』 I · II, 한길사, 2010.

Robert Charlmers ed., *Majjhima-Nikāya*, vol.II · III, The Pali Text Society, 1977.
Nyanaponika Thera · Bhikkhu Bodhi tr., *Numerical Discourses of the Buddha : An Anthology of Suttas from the Aṅguttara Nikāya*, Altamira Press, 1999.
M. Leon Feer ed., *Saṃyutta Nikāya part IV*, Oxford : Pali Text Society, 1990.
_____, *Saṃyutta Nikāya part V*, London : Pali Text Society, 1976.

Bhikkhu Bodhi tr., *The Connected Discourses of the Buddha*, Boston: Wisdom Publications, 2000.

T. W. Rhys Davids · J. Estlin Carpenter edited, *The Dīgha Nikāya*, vol.II, London : Luzac & Co. Ltd, 1966.

Maurice Walshe tr., *The Long Discourses of the Buddha: A Translation of the Dīgha Nikāya*, Wisdom Publications, 1995.

Bhikkhu Ñamoli and Bhikkhu Bodhi tr., *The Middle Length Discourses of the Budda: A Translation of the Majjhima Nikāya*, Boston: Wisdom Publications, 2005.

S. Radhakrishnan tr., *The Principal Upaniṣads*, New Delhi: HarperCollins Publishers, 2006.

Bhikkhu Ñāṇamoli tr., *The Path of Purification: Visuddhimagga*, Onalaska : BPE, BPS Pariyatti Editions, 1999.

논문 및 단행본

각묵 스님, 『네 가지 마음챙기는 공부(대념처경과 그 주석서)』, 초기불전연구원, 2008.

고엔카(S. N. Goenk), 인경 역, 『단지 바라보기만 하라』, 경서원, 1997.

길희성, 『인도철학사』, 민음사, 1984.

떼자니야, 아신, 『번뇌(Don't Look Down on the Defilements. They Will Laugh at You)』, 법보시용, 2006.

비구 보디, 전병재 역, 『팔정도(The Noble Eightfold Path, say to the End of Suffering)』, 고요한소리, 2009.

붓다고사 스님, 대림 스님 역, 『청정도론』 1 · 2, 초기불전연구원, 2011.

뿔리간들라, R., 이지수 역, 『인도철학』, 민족사, 1991.

아누룻다 스님, 대림 스님 · 각묵 스님 역, 『아비담마 길라잡이(Abhidhammattha Saṅgaha)』 1 · 2, 초기불전연구원, 2017.

아잔 차, 김열권 · 김해양 역, 『위빠사나, 있는 그대로 보는 지혜』, 호두마을선원, 2004.

위말라람시 스님, 연방죽선원 역, 『아나빠나사띠 숫따 – 호흡에 대한 사띠와 사마디명상 수행 안내』.

이중표, 『니까야로 읽는 금강경』, 민족사, 2017.

이지수, 「고전 상-캬의 철학 (I)」, 『인도철학』 9, 민족사, 1999.

임승택, 「Paṭisambhidāmagga(無碍解道)의 수행관 연구」, 동국대 박사논문, 2000.

일아 편역, 『한 권으로 읽는 빠알리 경전』, 민족사, 2009.

이은주, 「초기 상캬사상과 인도불교수행법(위빠사나)」, 『인도연구』 13-1, 한국인
    도학회, 2008.

정태혁, 『요가수트라(Yoga-Sutra)』, 동문선, 2005.

파아욱 또야 사야도 법문, 무념 역, 『사마타 그리고 위빠사나』, 보리수선원, 2004.

황순일, 「초기불교의 지관수행」, 법산 큰스님 퇴임기념, 제2차 아태불교문화연구
    원 학술대회, 불교와 수행, 동국대 문화관 2층 학명세미나실, 2010.12.10.

케마왐사 스님, 오원탁 역, 『심념처』, 법보시용, 2004.

Mace, Chris, 안희영 역, 『마음챙김과 정신건강』, 학지사, 2010.

Aronson, Harvey B, "Equanimity(Upekkhā) in Theravāda Buddhism". In Narain,
    Dr. A. K. ed., *Studies in Pali &Buddhism*, Delhi: B.R.Publishing Corporation,
    1-18, 1979.

Bodhi, Bhikkhu, *The Noble Eightfold Path: Way to the End of Suffering*, Onalaska, WA
    USA: BPE, BPS Pariyatti Editions, 2000.

Bronkhorst, Johannes, *The Two Traditions of Meditation in Ancient India*. Delhi: Moti-
    lal Banarsidass Publishers, 2000.

Johnston, E. H, *Early Sāṁkhya*, Delhi: Motilal Banarsidass, 1974.

Khemavamsa, Bhikkhu. Contemplation of the Mind, Practising Cittanupassana.
    www.buddhanet.net.

King, Winston L, *Theravāda Meditation, The Buddhist Transformation of Yoga*, Delhi:
    Motilal Banarsidass, 2007.

Larson, Gerald James, *Classical Sāṁkhya*, Delhi: Motilal Banarsidass Publishers,
    2005.

Mahasi Sayadaw, *Practical Vipassana Meditational Exercises*, Yangon: Mahasi Medi-
    tation Centre, 2005.

Mainkar, T. G, *Sāṁkhyakārikā of Īśvarakṛṣṇa*. Delhi: Chaukhamba Sanskrit Pratk-
    shthan, 2004.

Monier-Williams, Monier, *A Sanskrit-English Dictionary*, Motilal Banarsidass, 1984.

Radhakrishnan, S, *The Principal Upaniṣads*, New Delhi: HarperCollins Publishers India, 2006.

The Pa-Auk Tawya Sayadaw, *Knowing and Seeing* (Revised Edition II), Singapore, 2008.

Ven. Thanissaro Bhikkhu, "Using Meditation to Deal with Pain, Illness and Death", Vimalaraṁsi, Bhante, *Breath of Love*, Jeta's Grove: Dhamma Sukha Meditation Center, 2011.

Winternitz, M, *A History of Indian Literature*, vol.I. Delhi: Motilal Banarsidass, 1987.

_____, *A History of Indian Literature*, vol.II. Delhi: Motilal Banarsidass, 1988.